이해하기 쉬운

푸드코디네이션 개론

머리말

식食의 정보화 시대를 맞아 먹거리는 더욱 풍부해지고 생활은 윤택해졌으며, 더불어 고급화된 문화로서의 식食에 대한 추구 경향이 증가하고 있다. 또한 패스트푸드와 인스턴트식품 등의 출현으로 생활은 편해졌으나, 개인의 건강에 대한 문제가 새로운 화두로 떠오르고 있다. 식품의 안전과 개인의 건강을 지향하면서도 좀 더 편리하게 맛있고도 멋있는 음식에 대한 정보를 얻고자 하는 시대가 도래한 것이다.

브리야사바랭은 그의 저서 『미식예찬』에서 "한 나라의 운명은 그 나라가 식생활을 영위하는 방식에 달려 있다."고 했다. 즉 한 나라의 국민이 언제 어디서 무엇을 어떻게 먹느냐 하는 것이 결국 그 나라의 운명을 좌우한다는 것으로, 앞으로 식문화를 이끌고 나아갈 푸드코디네이터와 같은 전문가들의 역할에 대한 중요성을 강조하고 있다.

푸드스타일리스트, 식공간 연출가, 파티플래너, 푸드디자이너, 푸드라이터, 메뉴 및 레스토랑 컨설턴트 등을 포함하는 푸드코디네이터food coordinator는 조리를 비롯한 음식의 생산에서 메뉴 및 식공간을 포함한 음식의 유통과 소비 분야까지 코디네이트할 수 있는 식食전문가를 말한다. 이 책은 조리사를 포함한 예비 푸드코디네이터는 물론, 푸드코디네이션 관련 분야에서 일하고 있는 분들에게 식품과 음식을 코디네이트하는 데 많은 도움이 될 것으로 기대한다.

이 책은 푸드코디네이션의 정의와 역할을 다룬 제1장 푸드코디네이션, 사회 · 경제적 관점에서 바라본 제2장 사회 · 경제와 푸드코디네이션, 동서양의 조리 · 식문화를 다룬 제3장 조리 · 식문화와 푸드코디네이션, 푸드코디네이터의 활동영역을 다룬 제4장 푸드코디네이터의 활동 분야로 구성되어 있다. 글로 서술되었을 때 자칫 지루해질 수 있는 내용을 그림과 표를 적재적소에 배치함으로써 재미있고 쉽게 이해할 수 있도록 하였다.

저자들이 각 활동 분야에서 익힌 경험과 전문지식 그리고 연구를 토대로 푸드코디네이션에 대하여 체계적으로 정리한 이 책은 푸드스타일링, 테이블 세팅, 식공간 연출 등 푸드코디네이터로 활동하고자 하는 학생이나 전문가에게 많은 도움이 될 것이다.

저자들이 열정을 가지고 집필하였으나 부족한 부분이 많으리라 생각되고, 이러한 점은 앞으로 계속 수정 · 보완해 나갈 것을 약속하며, 이 책을 접하는 모든 분의 아낌없는 관심과 조언을 부탁하는 바이다.

책이 완성되기까지 많은 도움을 주신 분들께 감사드리며, 바쁜 일정 중에도 책이 출간될 수 있도록 애써주신 파워북 유제구 사장님과 김재원 실장님을 비롯한 직원 여러분께도 진심으로 감사드린다.

2013년 8월
저자 일동

차 례

식(食, food)을 콘셉트concept로 하고 그와 관련되거나 파생되는 여러 분야를 코디네이트Coordinate 하는 푸드코디네이션food coordination의 개념과 역할을 이해하고, 푸드코디네이터food coordinator로서 일하게 되는 활동영역을 개괄적으로 알아본다.

1. 푸드코디네이션의 개념

21세기 식(食, food)에 대한 개념은 과거와는 다른 양상을 띠고 있다. 이러한 시대적 분위기와 요구에 부응하여, 단순히 배고픔과 생존을 위한 생리적 욕구로만 식을 이해하던 시대에서 이제는 식에서 예술을 창출해 내는 시대로까지 그 응용범위와 의미가 확대되고 있다. 食을 컨셉트로 하는 푸드코디네이션은 실용학문의 한 영역으로 이미 우리 곁에 자리 잡고 있다.

푸드코디네이션이라는 용어는 영어의 음식, 식품 등을 의미하는 '푸드food', 즉 식의 개념과 영어의 통합 · 조정 · 조화하여 기능하게 하는 것이라는 의미의 coordination이 합쳐진 단어로서, 식과 관련된 여러 가지 것들을 사회 · 문화 · 경제적으로 인지 · 이해 · 파악하고 통합 · 조정 · 조합함으로써 소비자에게 기능하도록 제공하는 것을 말하고, '코디네이터coordinator'란 '통합하는 사람, 조화시키는 사람, 조정하는 사람, 통합 · 조화 · 조정시켜 가능하게 하는 사람' 등의 의미를 가지고 있다.

푸드코디네이션의 영역은 식을 주제로 삼고 있거나 식을 콘셉트로 상품화되고 있는 관련분야와 파생분야가 모두 해당된다고 할 수 있다. 푸드코디네이터food coordinator는 새로운 개념, 아이디어 등을 늘 개발하고 연구하며 발전시켜야 하는데, 이러한 푸드코디네이션의 개념도는 그림 1-1 에 잘 설명되어 있다.

그림 1-1 에서 보는 바와 같이, 식을 구심점으로 사회, 경제, 문화의 다양한 요소는 식과 유기적으로 상호작용을 주고받으며, 상품으로 소비자에게 전달되는 과정을 거치게 된다. 이때 그 전 과정을 통합하고 조정 · 조합하는것이 푸드코디네이터food coordinator의 역할이다. 사회, 경제, 문화의 다양한 요소는 때로는 서로 확연히

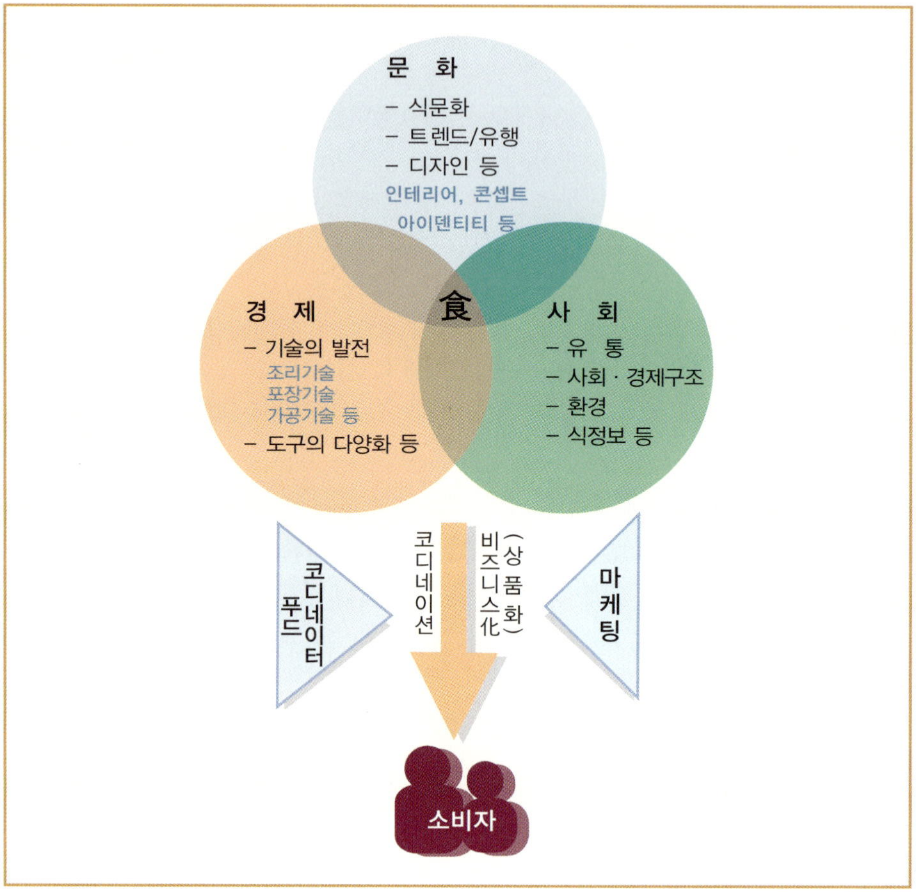

그림 1-1 | 푸드코디네이션 개념도

다를 때도 있고 공유할 때도 있는데, 이것들을 적당히 잘 코디네이트하는 것이 푸드코디네이터의 역할 중 중요한 부분이라 볼 수 있다. 이렇게 코디네이트할 때에는 마케팅이라는 큰 베이스를 언제나 염두에 두어야 한다. 이는 코디네이트하는 것이 단순한 통합 · 조화 · 조합이 아니라, 반드시 비즈니스화를 거쳐 소비자에게 상품으로 전달되어야 하기 때문이다. 이때에 염두에 두어야 하는 마케팅 개념은 서비스 마케팅의 개념으로 일반적으로 7P(Product, Price, Place, Promotion, People, Process, Physical evidance)를 의미한다.

표 1-1 에서 보는 바와 같이 일반적인 마케팅의 4P보다 3가지 더 많은 7P로서, 서비스를 상품으로 할 때 주로 적용되는 개념이다. 즉 푸드코디네이션으로 창출되는 상품 중에는 일반적인 상품도 많으나, 서비스 상품 또한 상당수를 차지하고 있다.

표 1-1 | 서비스 상품을 위한 확장된 마케팅 믹스

7P (서비스 마케팅 믹스)	4P (마케팅 믹스)	Product	제품
		Price	가격
		Place	유통
		Promotion	촉진(홍보 및 광고)
	People		사람
	Process		과정(일의 흐름)
	Physical Evidance		물리적증거

출처 : Services Marketing, Valarie A. Zeithaml etc, 2009

따라서 일반 상품에 적용되는 4P의 믹스mix와 마찬가지로 7P 믹스도 충분한 이해가 필요하다.

식과 유기적인 관계를 이루는 요소를 분류하자면 무수히 많으나, 개괄적으로 사회, 경제, 문화라는 일반적인 분류기준으로 나누어 생각해 보면 다음과 같다.

- 사회 부분 : 사회 · 경제구조, 유통과 물류, 환경, 식정보 등
- 경제 부분 : 기술의 발전(조리기술, 가공 & 저장기술, 포장기술 등), 도구의 다양화(기물, 기구, 식도구) 등
- 문화 부분 : 식문화, 트렌드와 유행, 디자인(인테리어, 아이덴티티 등) 등

食이라는 개념은 하나씩 독립되어 있는 것이 아니다. 여러 가지 요인이 유기적으로 얽혀 있게 되는데, 각 요소의 한 부분 혹은 전체의 적절한 조합과 통합 조정에 의해 소비자에게 '상품'을 제공하는 것이 푸드코디네이터의 작업영역이다. 따라서 푸드코디네이션의 관련분야는 한정적이지 않으며, 푸드코디네이터의 아이디어가 다양할수록 그 범위는 확대될 수 있다. 다시 말해서 제한이 특별히 있지 않은 무한대의 영역이지만, 기본적으로는 아이디어만으로 구현될 수 없는 한계가 있기 때문에 전문성을 요구하는 특별한 영역이기도 하다.

푸드코디네이터는 식에 대한 좀 더 넓고 선구적인 시야를 가지고 식에 대한 전반적인 사항을 파악해서 식에 관련된 프로젝트project를 기획할 수 있는 능력과 기획한 아이디어를 비즈니스적으로 상품화할 수 있는 능력이 요구된다..

그림 1-2는 일본 푸드스페셜리스트협회에서 출간된『푸드코디네이터론』에서 제안한 푸드코디네이션의 전체 흐름도로서, 이는 푸드코디네이터가 어떤 일을 하게 되든지 거치게 되는 일의 과정을 보여준다. 보는 바와 같이 맡은 일이 무엇이 되었든지 간에 먼저 콘셉트를 확정하고 보유하고 있는 경영자원, 즉 인적·금전적·물질적 자원을 검토한 후에 적절한 마케팅을 통해 사업 혹은 상품을 제공하기 위한 계획을 추진해야 한다는 것이다. 물론 때로는 콘셉트를 확정한 후에 바로 마케팅을 거쳐 사업계획을 추진할 수도 있으나, 경영자원을 검토하는 과정을 거침으로써 실패의 확률을 줄일 수 있다.

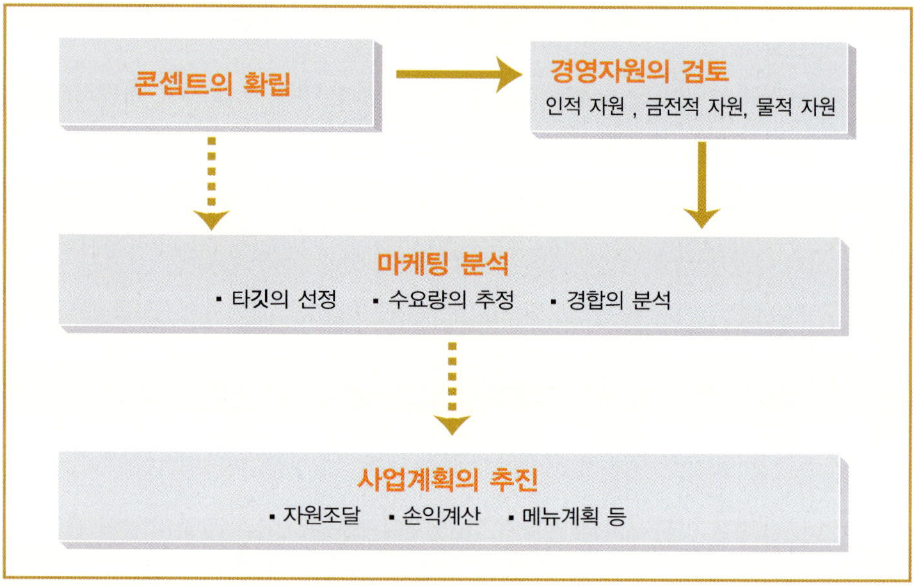

그림 1-2 | 푸드코디네이션 작업의 흐름도
출처 : Japan Food Coordinator School, 푸드비지니스 코디네이터 세미나, 2004

2. 푸드코디네이터의 활동영역

일본에는 푸드코디네이터를 푸드스페셜리스트food specialist 혹은 푸드매니저food manager, 푸드프로듀서food producer 등 비슷한 맥락의 말들로 표현하기도 한다. 이러한 푸드코디네이터들은 자칫 그 위상과 위치가 모호하기 쉽다. 여러 분야에 관여하

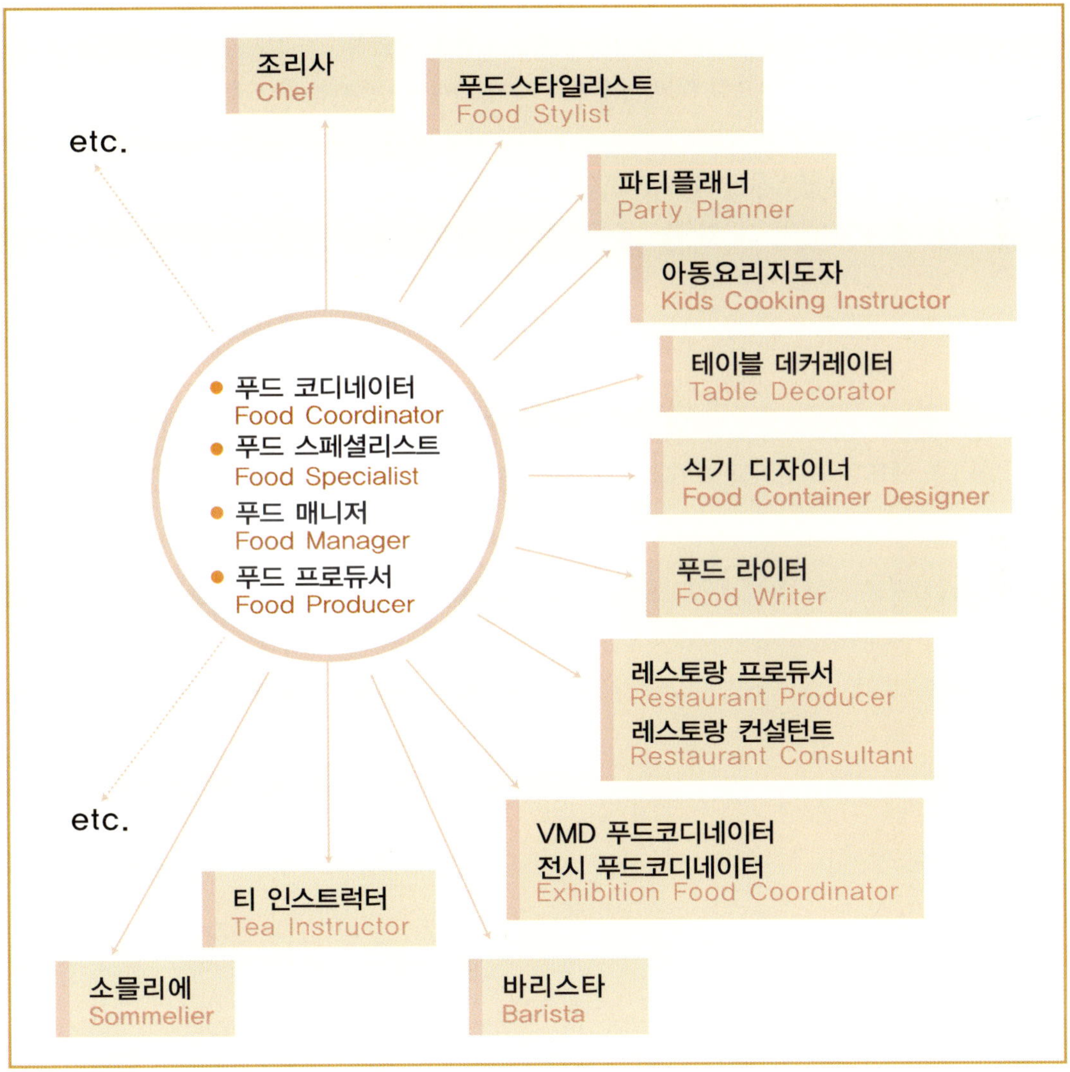

그림 1-3 | 푸드코디네이션과 관련 전문직

고 여러 분야의 지식을 요하기 때문에 깊은 전문성이 필요한 각 분야에서 적응하기 어려운 포지션을 가질 수도 있다. 따라서 넓은 분야를 인지하고 이해하면서도 각 분야의 전문성을 높이기 위해 푸드코디네이터는 끊임없이 노력하고 연구해야 한다. 그러나 푸드코디네이션의 전문성은 관련된 각 분야의 전문적인 행위의 깊이에 있다기보다는 푸드코디네이터가 얼마나 넓은 시야를 가지고, 전문적인 지식을 잘 조합하고 통합하느냐에 달려 있다.

일반적으로 가장 잘 알려진 푸드코디네이션의 전문직 중에는 푸드스타일리스트food stylist가 있다. 푸드코디네이션 중에서 콘셉트가 식의 비주얼visual에 있는 직업군으로서, 식을 상품으로 소비자에게 얼마나 매력적으로 보일 것인가, 얼마나 소비 욕구를 불러일으킬 것인가에 여러 가지 코디네이트하는 요소들을 배치한다.

푸드코디네이션과 관련된 전문직 중에는 조리사chef, 파티플래너party planner와 같이 널리 알려진 분야도 있고, 아동요리지도사kids cooking instructor처럼 최근 각광받는 분야도 있다. 그 외에도 테이블데커레이터table decorator, 식기 디자이너food container design, 푸드라이터food writer, 레스토랑 프로듀서restaurant producer와 컨설턴트consultant, VMDvisual merchandising display, FoodMD food merchandising, 전시푸드코디네이터exhibition food coordinator, 커피바리스타coffee barista, 와인소믈리에wine sommelier 등 매우 세분화되어 있다. 식의 어떤 요소를 코디네이트하느냐에 따라 현재에도 미래에도 계속 분화될 것이고, 점점 더 세분화되고 전문화될 것이다.

참고문헌

김경임 외. 푸드코디네이션 개론. 파워북, 2007
정현숙 외. 푸드비지니스와 푸드코디네이터. 수학사, 2007
일본푸드코디네이터협회. 푸드코디네이터 교본, 2012
JFCS. 푸드비지니스 코디네이터 교재 I, II, III, IV, 2003

CHAPTER 02

사회 · 경제와 푸드코디네이션

02

FOOD COORDINATION

1. 食사회와 푸드코디네이션
2. 외식경제와 푸드코디네이션

사회, 경제 여러 분야에 영향을 주고받는 푸드코디네이션food coordination의 개념과 역할을 이해하고 사회, 경제의 어떤 요소와 상황들이 식(食, food)을 코디네이션함에 있어 얼마나 관계되고 어떻게 소비자에게 전달되는지 알아본다.

1. 食 사회와 푸드코디네이션

매슬로우가 분류한 '인간욕구의 단계'에 의하면 어떤 욕구에 대하여 최저치의 만족감을 얻지 못하면 보다 높은 다음 단계의 욕구로부터 만족감을 얻으려는 마음이 생기지 않는다고 한다. 이러한 욕구는 사회가 어떤 단계에 있느냐에 따라, 대중의 욕구가 어디에 있는지를 정확히 분석해서 코디네이트해야 하는 푸드코디네이션에서 매우 중요하며, 食 비즈니스business를 이해하는 데 근간이 된다.

일본 푸드스페셜리스트협회에서 분류한 식욕의 5가지 레벨은 그림 2-1 과 같다.

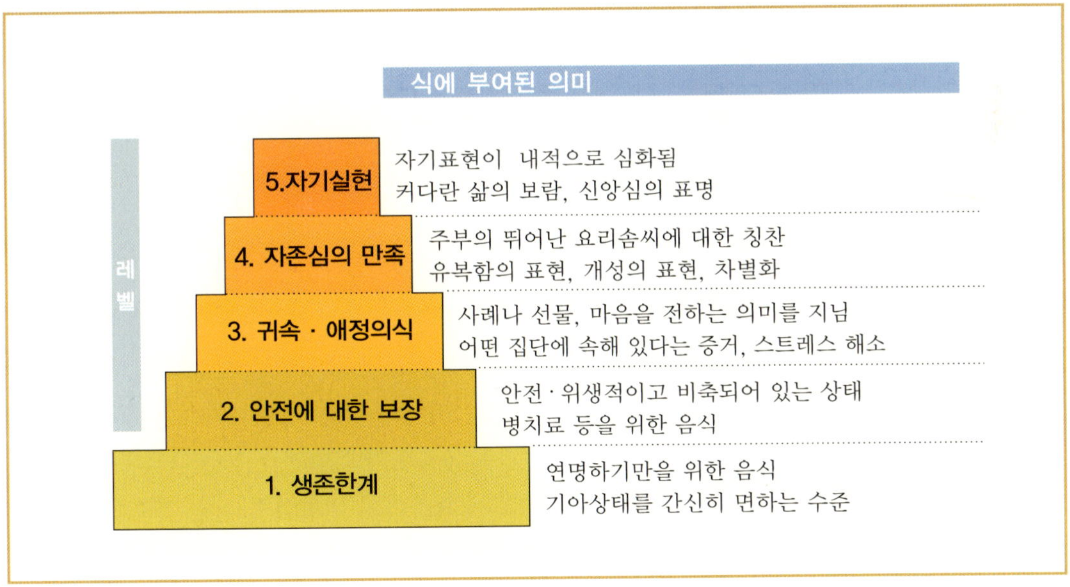

그림 2-1 | 식욕의 5가지 레벨

출처 : 푸드코디네이트론. 일본 푸드스페셜리스트협회 편

그림 2-1 에서 보는 바와 같이, 식에 부여된 의미 중 가장 기본적인 단계는 생존한계로서 살아가기 위한 단계이며, 이 단계에 만족감이 들게 되면 위생적이고 안전한 것을 보장받으려는 단계, 그다음 단계로는 의미를 부여하는 귀속 · 애정의식의 단계, 뛰어난 솜씨에 대한 칭찬과 각자의 개성표출의 도구로 쓰일 수 있는 자존심의 만족 단계를 거쳐 마지막으로 자기실현의 의미까지 식에 부여하게 된다.

따라서 푸드코디네이션을 하기 위하여 선행되어야 하는 것은 사회가 가지고 있는 食의 의미 단계를 바르게 파악하는 것으로부터 시작된다.

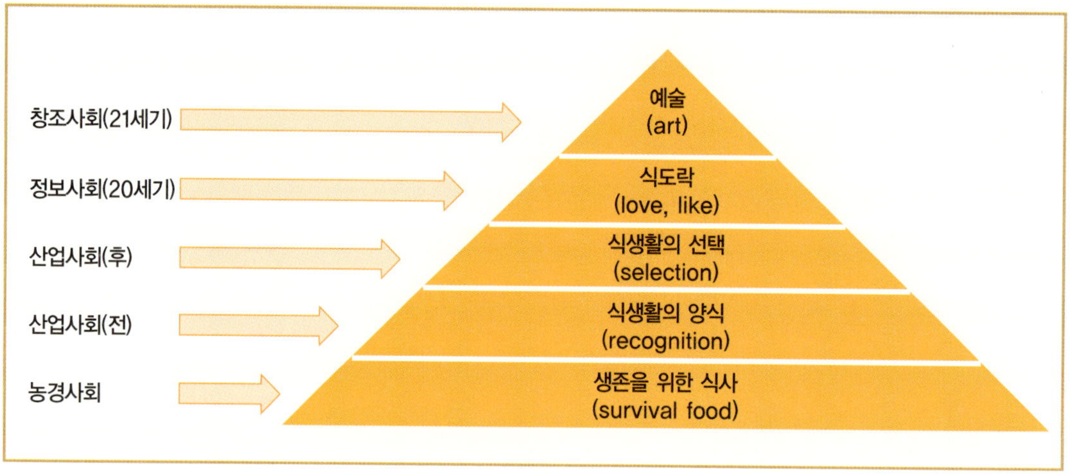

그림 2-2 | 食 & 사회변화
출처 : 농수축산신문, 1994

우리나라의 경우, 1950~60년대에는 생존을 위한 단계였다면, 1970~80년대를 거쳐 1990년대까지의 산업화시대를 지나 20세기는 정보화시대 그리고 21세기는 고도화된 창조사회로 각 사회마다 사람들의 식에 대한 의미와 욕구는 변화해 왔다. 대표적으로 산업화시대 때에는 높은 열량의 빠르게 제공되는 패스트푸드점이 성행했었고 현재의 고도화된 창조사회에서는 커피와 같은 기호식품이 각광받게 되었다. 이는 사회의 변화에 따라 사람들의 니즈needs가 달라지는 것을 나타내는 대표적인 예로서 푸드코디네이터에게 사회 구성요소들의 변화와 발전은 간과할 수 없는 중요한 요소이다.

특히 1970년대는 외식산업의 태동기로 평가받는다. 공업화가 되면서 생존을 위한 식사에서 벗어나기 시작한 단계이기 때문이다. 전반적인 산업의 공업화는 즉석

식품의 발전을 가져왔고, 점진적인 국민소득의 증가와 경제 발전은 식생활의 질적 요구를 증대시켰다.

국내업체로는 1971년 신포우리만두가 다점포화를 시도하였고, 좀 더 선진화된 형태로 1979년 외국업체인 일본의 롯데리아가 선을 보였다.

산업화가 심화된 1980년대에는 KFC, 맥도날드 같은 해외 외식 브랜드들이 들어왔고, 1987년 놀부의 창업처럼 점차 국내 자체 브랜드도 개발되었다. 산업화가 마무리되고 시작된 20세기 정보화시대는 패밀리 레스토랑이 성장하였고, 해외로 역수출하는 현상도 나타났다.

우리가 살고 있는 21세기에는 점차 외식시장도 세분화되어 가고 있다. 많은 전문점이 생기는 것도 그 까닭이다. 따라서 업태도 매우 다양해지고, 음식을 더욱 즐기기를 원하는 사람들도 많아지고, 심지어 예술로 승화시켜 가치를 부여하는 현상도 나타났다. 이로써 모든 단계가 어울어지며 공존하는 사회가 되었다. 이런 사회에서의 푸드코디네이션은 매우 중요하고 흥미로운 이슈issue이다.

유통과 물류시장의 변화도 괄목할 만하다. 이전에 제조사 중심이던 시장은 이제는 거대 물류, 유통사 중심의 시장으로 바뀌었다. 이에 따라 PBPrivate Brand상품 그림 2-3 등이 등장했으며 시장에 큰 변화가 일고 있다.

인터넷의 발전은 사회 전반에 걸쳐 큰 변화를 가져와 이제 소셜 네트워크를 통해 식정보를 공유하는 일은 너무나 흔하고 일반적인 것이 되었다. 이렇게 사회가 변화함에 따라 그전에 생각지 못한 여러 시장이 발달하게 되는데 대표적인 것이 인터넷 쇼핑몰이다.

사회적으로 기후가 변화함에 따라 변화하는 식 시장의 변화 또한 무시하기 힘들어 보인다. 한파와 폭우 등은 인터넷의 발달, 스마트폰의 발달과 더불어 사람들을 공간에 머물게 하며, 그곳에서 여러 가지 시장을 발달시킨다.

21세기 사회는 점차 국제화 · 전문화 · 가치화를 추구하고, 테이크아웃의 시스템화, 음식에 대한 가치관의 변화와 웰빙, 저가공 등을 비롯한 여성의 사회진출 증가 및 맞벌이 부부의 확산, 고도화된 핵가족화와 싱글족의 확대, 고령화 시대로의 진입, 여가에 대한 중요도 확산 등 다양하게 변화하고 있다. 그림 2-5 에는 경제적 · 문화적 · 기술적 · 환경적 요인을 비롯한 사회적으로 외식산업의 성장요인을 보여주고 있다. 외식산업의 성장이 커질수록 푸드코디네이션의 적용분야도 확대되고 전문화되기 때문에 외식산업 성장의 원인과 속도를 자세히 분석하고 파악하는 일은 매우 중요하다고 하겠다.

세이브엘 알뜰한우유
1,650
우유
Milk
복국
초코
찰떡파이
롯데라면
매운맛
토스트식빵
Brazil
Cerrado
E-MART
딸기샌드
우유
2,520
2,080
1,980
2,850
김밥이랑 초밥이랑
순한맛 닭가슴살
MILD CHICKEN BREAST
3,900
망고푸딩
키위푸딩
종합어묵
CJ 부산어묵 사각 650g
3,430
3,050
2,100
5,490
5,490
5,800
소불고기

그림 2-3 | PB상품들

외식산업의 경우 역시 그 성장척도는 경제성장과 국민소득 증대를 모토로 물가지수, 엥겔계수, 외식비, 일인당 GNP와 함수관계를 보인다고 알려졌다. 우리나라의 경우 역시 70년대의 총 소비지출의 1%였던 것이 90년대후반에는 10%, 21세기 초반에는 12.1% 등 계속 증가하고 있으며, 선진국과 비교해 볼때 시장은 계속 확

표 2-1 | GNP와 외식산업의 성장과정

<table>
<tr><th>연도</th><th>GNP</th><th>성장과정</th></tr>
<tr><td>1900년대</td><td>0</td><td>전통음심점 중심의 요식업 태동
식량자원 부족으로 침체('45년 166점포)
식생활 및 식습관의 가내 주도형</td></tr>
<tr><td colspan="3">이문설렁탕(1970), 용금옥('30), 곰보추어탕('30), 한일관('34), 조선옥('37), 안동장('40), 고려당('45), 남포면옥('48), 하동관('48)</td></tr>
<tr><td>1960년대</td><td>$100~210</td><td>식생활의 궁핍 및 침체기(6·25전쟁 후)
밀가루 위주의 식생활이 유입(미국 원조품)
분식의 확산 및 식생활의 개선문제 부상</td></tr>
<tr><td colspan="3">뉴욕제과('67), 개인업소 및 노상 잡상인 대량 출현</td></tr>
<tr><td>1970년대</td><td>$248~1,644</td><td>영세성 요식업의 우후죽순 출현
경제개발 계획에 따른 식생활 향상
해외브랜드 도입 및 프랜차이즈의 태동</td></tr>
<tr><td colspan="3">난다랑('79.7) : 국내프랜차이즈의 효시, 가나안제과('76), 롯데리아('79.10) : 서구식 외식 시스템의 효시 및 시발점</td></tr>
<tr><td>1980년대
(전반)</td><td>$2,194~2,158</td><td>외식산업의 태동기(요식업→외식산업)
영세난립형 체인속출(햄버거, 국수, 치킨, 생맥주)
해외 유명브랜드 진출 가속화</td></tr>
<tr><td colspan="3">아메리카나('80), 윈첼('82), 다림방('82), 짱구짱구('82), 웬디스('84), 피자헛('84), KFC('84), 장터국수('84), 신라명과('84), 하이델베르크('84), 투모루타이거('84)</td></tr>
<tr><td>1980년대
(후반)</td><td>$2,194~4,127</td><td>외식산업이 적응성장기(중소기업, 영세업체 난립)
식생활의 의무화, 레저화, 가공식품화 추세
패스트푸드 및 프랜차이즈 중심이 시장 선도
패밀리 레스토랑, 커피숍, 호프점, 베이커리, 양념치킨</td></tr>
<tr><td colspan="3">맥도날드('86), 파자인('88), 코코스('88), 도토루('89), 쟈뎅('89), 나이스데이('89), 크라운베이커리('88), 만리장성('86)</td></tr>
<tr><td>1990년대</td><td>$5,569~10,000</td><td>외구산업의 전환기(산업으로서의 정착 : '95)
중·대기업의 신규진출 러시 및 유명브랜드 도입
프랜차이즈의 급성장 및 도태, 시스템의 출현(외식근대화)</td></tr>
<tr><td colspan="3">시즐러(패밀리), 스카이락(패밀리), T.G.I Friday's, 베니건스, 토니로마스, 데니스, 마르쉐, 토마토앤어니언</td></tr>
</table>

출처 : 한국음식업중앙회. 한국외식산업연감, 1995

대될 것으로 전망된다. 우리나라에서는 1979년 일본의 롯데리아가 처음 도입되고 1980년대에 패밀리레스토랑이 본격적으로 등장하기 시작했다. **표 2-1** 은 GNP와 외식산업의 성장과정을 잘 나타내 주고 있다.

빠른 스피드와 고도 정보화시대로 접어든 이 시대에는 누가 먼저 마케팅을 하였는가, 어떤 정보로 시작하였는가, 무엇을 가지고 시작할 것인가 등이 食 비즈니스의 성공을 좌우한다. 물론 오랫동안 소비자들로부터 애용되는 음식, 소비자들의 기호에 잘 부합되는 음식, 이미 정착된 음식 등도 있지만 食 비즈니스를 창출하기 위해서는 시대의 흐름에 따른 틈새시장을 찾아 기획할 줄 아는 푸드코디네이션 능력이 절실히 필요한 시기가 현재인 것이다.

2. 외식경제와 푸드코디네이션

외식산업이 성장한다는 것은 푸드코디네이터에게는 더 많은 기회가 열린다는 의미와 일맥상통한다.

농경사회가 생존을 위한 식사에 주안점을 두고 있었다면 , 산업사회에서는 기계

	농경사회	산업사회	정보사회	농경사회
경제	• 집단사회 • 기본적 생산활동 • 정착생활	• 기계와 에너지 이용 • 생산성 향상 • 대량생산	• 전산화, 과학화 • 통신망 발전 • 정보화	• 창의력 극대화 • 차별적 독창성
식생활 의식	• 생존을 위한 식사 • 주식개념	• 식생활의 인식 • 부식 개념 • 내식 위주 • 레스토랑 출현	• 식도락 추구 • 간편, 신속, 영양 지향 • 다양한 업태 • 기능성, 전문화	• 웰빙(wellbeing) 추구 • 예술성, 감성화 • 에스닉(ethnic) • 음식의 글로벌화
생산 시스템	• 소품종 · 소량생산	• 소품종 · 대량생산	• 다품종 · 소량생산	• 단일품목의 다양한 생산

그림 2-4 | 사회변화에 따른 경제와 식생활의식 변화

출처 : 서울상공회의소, 1994

가 발달하고, 에너지를 이용하는 방법이 다양화되어 향상된 생산성으로 대량생산이 가능해지게 되었다.

20세기 정보사회에는 인터넷의 발달이 결국 전문화를 이끌어냈고, 21세기 창조사회에서는 창의력, 독창성이 食에 중요한 화두가 되었다. 그림 2-4 는 사회변화에 따른 食의 경제적 의미와 식생활의식의 변화에 대하여 상공회의소가 조사한 자료이다. 대략적으로나마 그 변화를 읽어볼 수 있다.

그림 2-5 에서 보는 바와 같이 경제적 성장과 그에 따른 국민소득의 증대, 수입자유화 및 세계화, 대내외 경쟁력 강화 같은 경제적 요인들은 기존의 상품화되지 못한 많은 부분의 상품화를 가속시킬 것이다. 그와 더불어 경제가 발달함에 따라 기술의 발전도 함께 도약을 이루어, HACCP이 점차 넓게 적용되고, 경제가 뒷받침된 기술의 발전은 Cook-Chill, Cook- Freeze와 같은 기술의 발전을 가져와 다양한 상품생산을 가능하게 하였다. 또한 다양한 조리기구의 발전 또한 무시할 수 없다.

맛보는 사람의 기호성에 적합하게 만들기 위한 식재료의 선택이나 조리기술, 가

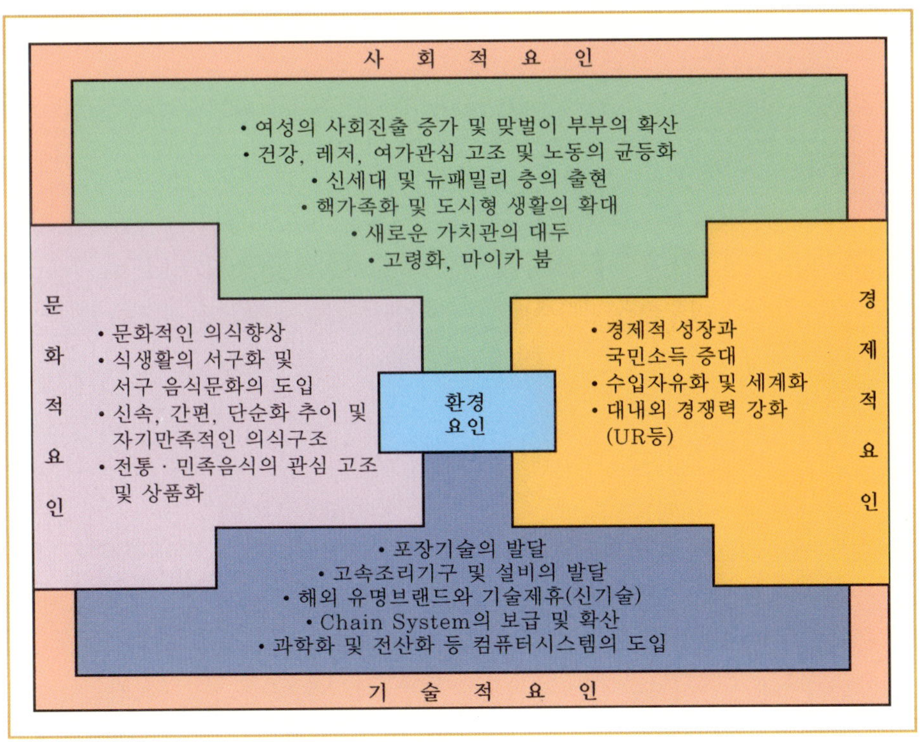

그림 2-5 | 우리나라 외식산업의 성장요인

출처 : 한국외식산업연감. 한국음식업중앙회, 1995

그림 2-6 | 각종 포장

열매체, 레시피 등을 선택하고 창조하는 기술이 푸드코디네이터에게 절실히 요구되지만, 조리 도구에 따른 다양한 기호성의 형성은 매우 중요한 요인이 된다.

대표적인 가열기구의 발달사를 살펴보면 다음과 같다.

■ 모닥불

원시시대의 동굴과 벽화에서 보듯이 모닥불은 가장 오래된 가열설비로 점차 발달하면서 바닥의 일부를 네모나게 잘라내고 그곳에 재를 깔아 취사용 또는 난방용으로 불을 피우는 장치가 되었다. 유럽에서는 실내 중앙에 설치된 열설비에 굴뚝을 붙인 벽난로 형태가 있으며, 일본에서는 노(이로리)라고 불리는 굴뚝이 없는 가열설비가 있었다.

■ 화덕

부뚜막 또는 아궁이 형태로 진흙이나 벽돌을 둘러쌓고 그 위에 냄비를 얹어 사용한 취사전용 가열설비이다. 손실되는 열이 적고 화력을 조절할 수 있어서 식재료가 다양했던 중국의 고대 조리문화를 완성시킬 수 있는 계기가 되었다. 우리나라에서는 아직도 일부 농가에서 부뚜막과 아궁이를 갖춘 형태로 취사와 난방을 겸할 정도로 옛날부터 잘 정착되어 온 가열기구 중 하나이다. 일본에서는 굴뚝이 없는 화덕에 냄비와 시루를 함께 만들어 밥 짓는 조리기술을 고안하였고, 테두리가 달린 솥을 이용해 끓여서 물을 흡수하게 하는 밥 짓는 기술이 고안되었다.

■ 풍로

일본 부엌에서 많이 사용했던 이동식 설비인 풍로는 한국에서 일본으로 전파된 것으로 화로의 형태로 거실에서 사용되었는데, 공기조절에 의한 화력조절이 가능한 흙으로 만든 풍로가 되었다. 가스레인지, 전자레인지, 전기밥솥, 전기포트, 토스터 등은 이동식 가열기구라고 볼 수 있다. 우리나라에서는 60년대와 70년대에 석유곤로의 형태로 난방용은 아닌 취사용으로 대부분의 가정에서 사용한 적이 있으며 가스의 보급과 더불어 사라졌다.

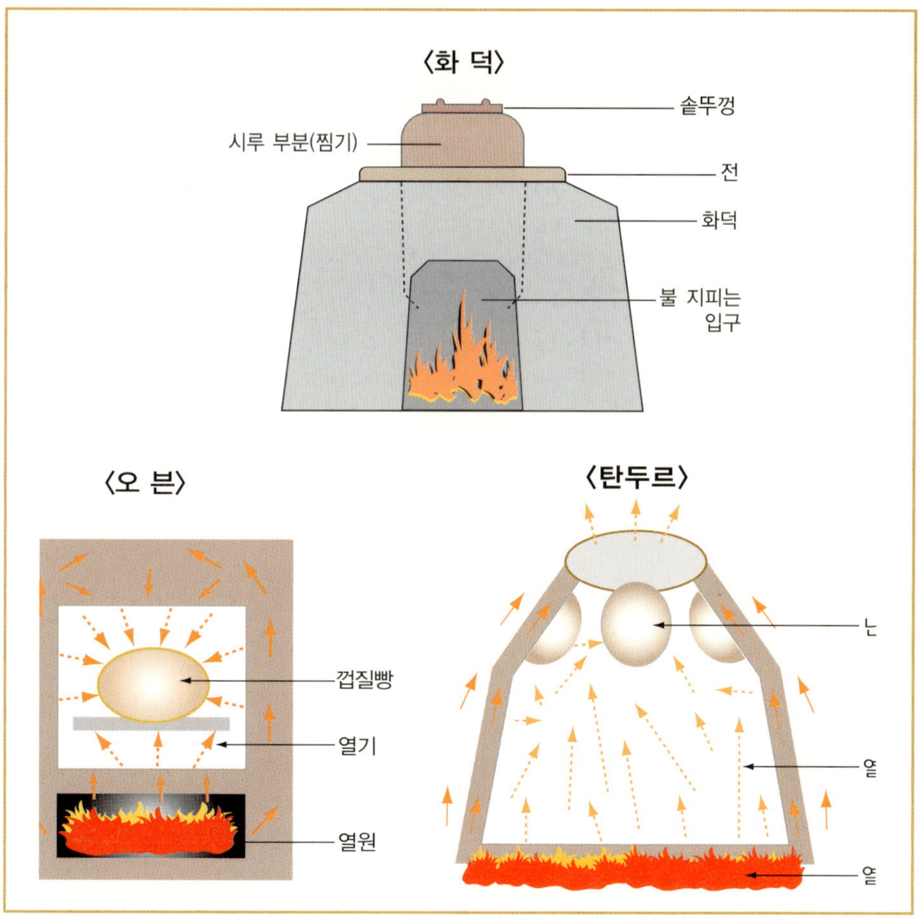

그림 2-7 | 가열기구들

■ 오븐과 탄두르

약 4,000년 전에 메소포타미아에서 개발되어 이집트를 거쳐 고대 로마에 전해진 오븐은 열량이 크고 연료가 많이 들며 화덕에 가두어진 열기로 빵을 부풀려 굽는 베이킹 전용 화덕이었다. 이탈리아에서 피자를 굽는 대표적인 방법으로 화덕 안에 발효시킨 반죽 덩어리를 넣어 굽는 오븐과, 화덕 벽에 발효시킨 반죽을 붙여서 인도의 대표적인 빵인 난을 굽는 탄두르tandoor로 나눌 수 있다. 이후 그릴, 버너, 레인지 등이 개발되어 조리기술과 조리문화가 급속히 발달하였다.

푸드코디네이션 중에 요리와 직접적인 관련이 있는 분야들은 새로운 식재료에 대한 도전이고 조리기술이나 조리도구 및 주방의 문화를 새로이 가꾸고 창조해 나가는 일련의 과정이다.

참고문헌

2012 10대 히트상품. 삼성경제연구소
Valarie A. Zeithaml 외. Services Marketing. McGraw-Hill, 2009
거시적 경제환경의 변화가 외식산업에 미치는 영향에 관한 연구
김난도 외. 트레드 코리아 2012. 미래의 창, 2011
김난도 외. 트렌드 코리아 2013. 미래의 창, 2012
김세범 외. 최신 소비자행동. 명경사, 2009
나정기. 외식산업의 이해. 백산출판사, 2013
류세종. 유통의 맥. 새로운제안, 2010
박기용. 외식산업경영학. 대왕사, 2009
박은숙. 시장의 역사. 역사비평사, 2008
신봉규. 외식산업 입지 상권분석 기법. 백산출판사, 2003
정인수 외 공역. 서비스 마케팅 4th Edition. McGraw-HillKorea, 2006
한국음식업중앙회. 한국외식산업연감, 1995

CHAPTER 03

조리·식문화와 푸드코디네이션

03

FOOD COORDINATION

1. 조리 · 식문화의 정의와 발달
2. 조리 · 식문화의 요인 및 특징
3. 동양의 조리 · 식문화와 푸드코디네이션
4. 서양의 조리 · 식문화와 푸드코디네이션

인류가 불을 발견하면서 시작된 조리는 농업과 그릇의 개발과 더불어 때와 장소에 따라 매우 다양한 방법과 종류로 발달되어 왔다. 식재료에 따라 쌀 · 밀 · 잡곡 · 고기 등을 주식으로 하는 조리법이 개발되었고, 불의 사용법에 따라 모닥불 · 아궁이 · 오븐 · 레인지 등이 발달하였으며, 삶기 · 찌기 · 굽기 · 튀기기 · 볶기 등의 조리법과 온도의 높낮이와 세기를 조절하는 조리기술들이 개발되었다. 또한 경제가 발달하면서 음식 선택에 대한 기쁨, 요리를 꾸미고 준비하는 사람들의 열정, 식탁에 대한 예술적 승화 등의 요인들이 조합되어 각 지역마다 독특한 조리문화와 식문화를 이루게 되었다.

"식문화는 음식의 생산에서부터 사람의 위장에 들어가기까지를 그 범위로 한다. 즉 음식을 만드는 것, 저장하는 것, 가공하는 것, 운반하는 것, 파는 것, 사는 것, 조리하는 것, 차리는 것, 먹는 것, 맛보는 것, 소화하는 것까지가 식문화의 범위라 할 수 있다. 이 가운데 음식을 만드는 것에서부터 가공하는 것까지를 식의 생산문화라고 부르고, 운반하는 것에서부터 사는 것까지를 식의 유통문화, 그리고 조리하는 것부터 소화하기까지를 식사문화라고 할 수 있다 **그림 3-1**"라고 한 요시다 슈우지의 말에서 알 수 있듯이 식품과 음식을 코디네이트하기 위해서는 우선 고유의 식문화와 조리문화를 이해하는 것이 가장 기본이라 하겠다. 또한 역사와 장소에 따라 성질이 다른 식문화를 정성적 · 정량적으로 이해하고, 거시적인 관점에서 바라보아야 한다.

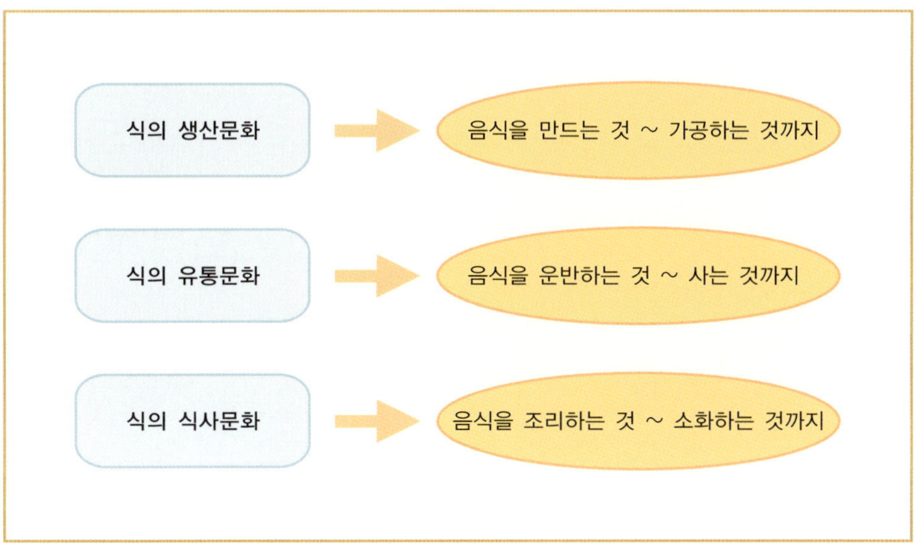

그림 3-1 | 식문화의 개념. 요시다 슈우지

프랑스, 이탈리아, 중국, 터키, 인도, 한국, 일본 등 각 나라별 대표식품과 음식을 그림 3-2 에 표시하였다.

아시아

- **한국**: 김치, 불고기, 구절판, 비빔밥, 갈비, 떡 …
- **중국**: 북경오리구이, 교자, 탕수육, 마파두부 …
- **일본**: 사시미, 스시, 우동, 소바, 우메보시 …
- **태국**: 똠양쿵, 솜탐, 카오팟, 팟타이, 수끼 …
- **베트남**: 포(쌀국수), 반짱, 고이꾸언, 짜조, 커피, 느억맘 …

유럽

- **이태리**: 스파게티, 피자, 리조또 …
- **프랑스**: 포도주, 푸아그라, 바게트, 에스카르고 …
- **스페인**: 파에야, 가르파쵸, 하몽 …
- **영국**: 피쉬앤칩스, 로스트비프, 요오크셔푸딩 …
- **독일**: 소시지, 사우어크라프트, 맥주 …
- **스위스**: 퐁듀, 뢰스티, 키슈, 초코렛, 치즈 …

아메리카

- **미국**: 칠면조, 햄버거, 비프스테이크, 핫도그, 샌드위치 …
- **멕시코**: 또르띠야, 퀘사디야, 화이타, 타코, 나쵸, 데킬라 …
- **브라질**: 슈하스코, 페이조와다, 바타파, 무께까 …
- **아르헨티나**: 아사도, 뿌체로, 빠리야다, 마테차 …

기타 지역

- **아프리카**: 쿠스쿠스, 민트티, 양고기, 우갈리, 사모사, 대추야자 …
- **이스라엘**: 팔라펠, 훔무스, 피타 …
- **터키**: 케밥, 피데, 아이란, 로쿰, 돈두르마 …
- **인도**: 카레, 난, 차파티, 다알, 탄두리치킨 …

그림 3-2 | 나라별 대표식품과 음식

■ 이탈리아

파스타

피자

■ 프랑스

치즈

꼬꼬뱅

푸아그라

와인

■ 영국

로스트 비프

요크셔푸딩

■ 독일

소시지

아이스바인

슈니첼

사우어크라프트

나라별 대표식품과 음식

1. 조리 · 식문화의 정의와 발달

동물과 달리 인간은 식재료를 불을 사용하여 가열 및 조리하여 음식을 만들어 먹는데, 이러한 식재료와 음식을 통틀어 식물食物, 즉 식품이라 하며 음식을 만드는 행동과 먹는 것을 식사食事라고 정의한다.

불을 사용한 최초의 조리는 약 140만 년 전 모닥불 흔적이 발견된 아프리카 케냐의 호모 하빌리스에 의한 것으로 추정된다. 30~50만 년 전에는 아프리카와 중부 유럽, 중국 북부, 자바 등의 동남아시아에 거주했던 호모 에렉투스가, 10만 년 전 경부터는 아프리카, 유라시아 대륙 전역, 오스트레일리아, 아메리카 대륙까지 호모 사피엔스가 진출하였으며, 3만 5천 년 전의 서유럽에서 발견된 크로마뇽인의 동굴벽화에서 보듯 석기와 불을 이용한 대표적인 조리문화를 가졌던 것으로 보인다. 불의 발견은 인류에게 조리방법뿐만 아니라 동물이나 추위로부터의 방어역할

그리고 위생적 음식 섭취에 의한 신체의 건강을 향상시켰고, 안락함과 편안한 수면에 의해 활발해진 두뇌활동은 여러 가지 문화를 만들어내고 발전시켰다. 대략 1만 년경부터 시작된 농업에 의해 보다 많은 식재료를 확보하고 도기나 청동기 및 철기 그릇들이 만들어지면서 끓이는 조리법이 정착되었다.

크로마뇽인

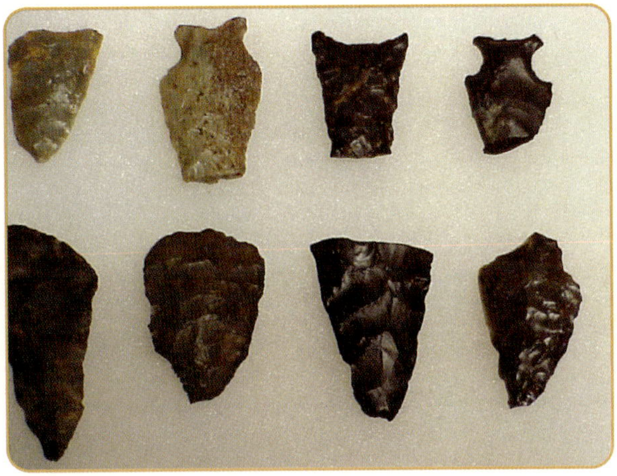

석기도구들

조리문화는 각종의 식재료, 조리기구, 조리기술을 이용하여 최고의 맛으로 인정되는 예술작품으로서의 요리를 창조 · 발달시키는 문화의 일종으로, 일본 푸드스페셜리스트협회에서는 조리문화를 음악문화와 같은 표현예술이라고 제언하고 있다. 즉 음악에서 여러 가지 음색의 소리를 코디네이트하여 멜로디, 리듬, 하모니로써 하나의 곡을 만드는 것처럼, 조리문화는 식재료와 조리기술 및 도구를 코디네이트하여 맛있는 요리를 창작함으로써 식생활을 연출하여 사람들의 감동을 이끌어내는 예술문화의 하나라고 할 수 있다 **표 3-1** . 음식 맛의 특성, 요리양식, 식에 대한 가치관에 문화적 특징이 첨부되어 다양한 조리문화가 형성되었으며 각 지역 사람들의 식문화에 영향을 끼치고 있다.

문화란 인간 집단의 생활양식이고, 식문화란 식食에 관련된 모든 것, 즉 식에 관련된 인간집단의 생활양식을 말한다. 어느 지역의 음식이 다른 지역의 음식과 만날 때, 한번 생성되고 없어지는 것이 아니라 다른 지역의 식문화가 지속적으로 그 지역의 식문화에 영향을 미칠 때 그것을 식문화의 융합이라고 한다. 이때 식재료는 기본적으로 그 지역의 농산물이나 수산물을 이용하게 된다. 이러한 식문화의 융합 현상은 일상식뿐만 아니라 종교식, 축제식, 의례식에도 영향을 끼치게 되므로 유연성 있게 기존의 식문화와 조화를 이루어 정착시키는 것이 가장 큰 과제이다. 식재료 선별, 조리, 유통, 판매, 음식서비스 등 식 전반에 대하여 푸드코디네이션을 행하는 경우 기본적으로 문화의 이해가 코디네이션 내용의 질을 좌우한다. 따라서 푸드코디네이터로 성공하기 위해서는 다른 문화를 적극적으로 체험하고, 식에 대한 지식과 문화관을 깊이 있게 쌓아 나가야 한다.

표 3-1 | 조리와 음악의 기본요소 비교

기본요소	조리	음악
작품 재료 도구 기술	음식 식재료 조리기구 조리기법	악곡(가곡, 기악곡) 악음(음색) 음성, 악기 연주
종이에 기재된 것 창작하는 활동 받아들이는 활동	레시피 조리 맛보기	악보 작곡 감상

출처 : 푸드코디네이트론. 일본 푸드스페셜리스트협회 편

2. 조리 · 식문화의 요인 및 특징

조리문화는 주가 되는 식재료(조미료 및 향신료 포함), 음식을 맛있게 만드는 조리기술, 가열을 위한 기구와 취사도구를 포함하는 주방, 요리 등의 4가지 요소로 분류하며, 일본 푸드스페셜리스트협회에서는 그림 3-3 에서처럼 조리문화 4면체를 제안하고 있다.

1) 식재료

불의 발견, 농업과 더불어 또 하나의 획기적인 사건은 1만 년 전후에 목축, 즉 가축의 사육이다. 곡식을 가루 내는 돌접시도 발굴되었는데 곡물의 가공에 사용된 것

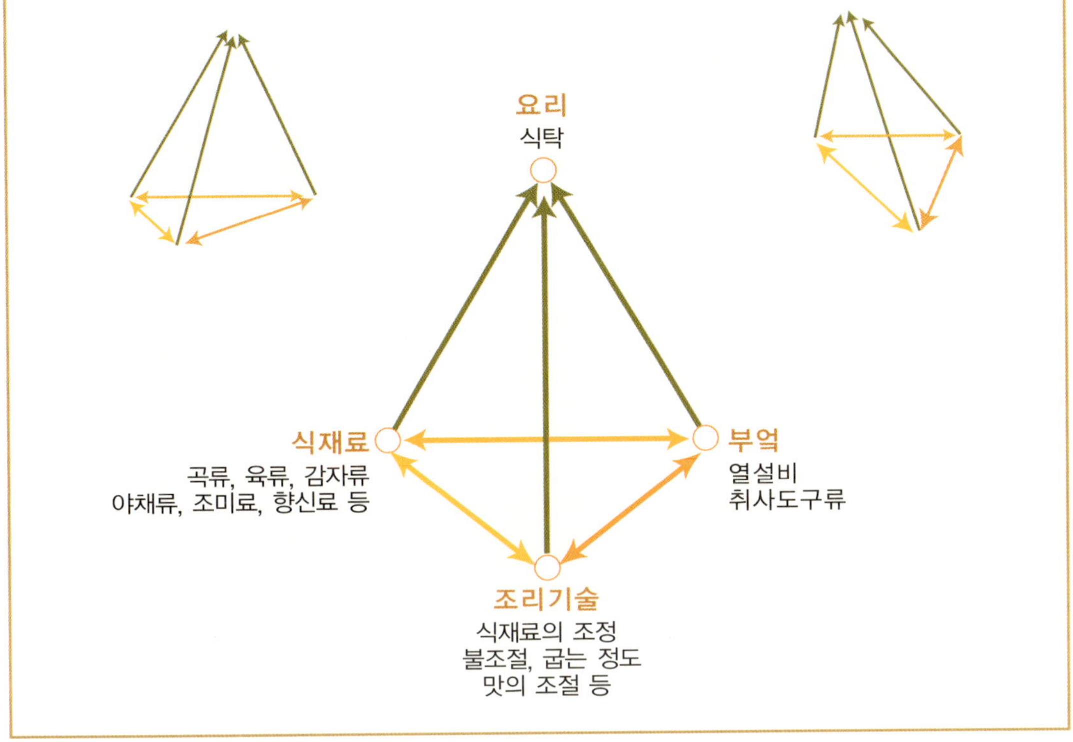

그림 3-3 | **조리문화 4면체**

출처 : 푸드코디네이트론. 일본 푸드스페셜리스트협회

으로 추측된다. 따라서 인류는 수렵, 어로, 채취에 의한 식재료와 경작 및 목축에 의한 다양한 식재료를 확보할 수 있게 되었다.

정착한 지역의 자연환경에 따라 주식이 달라지는데, 세계 인구의 1/3은 쌀을, 1/3은 밀을, 나머지 1/3은 보리·호밀·옥수수·감자·고구마 등을 주식으로 활용한다 그림 3-4. 곡물의 생산량이 많지 않아 고기와 젖을 주식으로 하는 문화권도 있다 표 3-2.

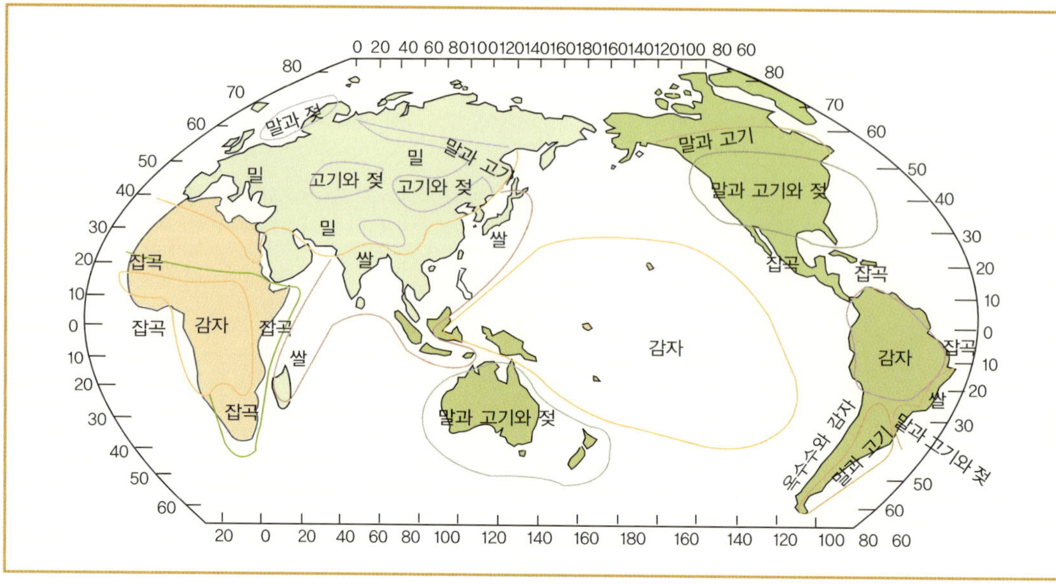

그림 3-4 | 주식의 재료에 의한 조리문화권

표 3-2 | 주식의 종류에 따른 식문화권

주식의 종류	식문화권
쌀	- 베트남 · 캄보디아 · 말레이시아 · 인도네시아 · 필리핀 · 태국 · 라오스 · 미얀마 등의 동남아시아, 중국 중남부, 일본 · 한국, 인도 동부, 서아시아 일부 - 솥을 사용하여 끓이는 조리법 발달
밀	- 인도 북부, 파키스탄, 중동, 중국 북부, 북아프리카, 유럽, 북아메리카 등 - 밀은 기원전 6000년경 중동과 카스피해 연안 등 건조지역에서 재배 시작 - 밀은 부서지기 쉬워 가루의 형태로 빵이나 국수로 이용 - 오븐이나 탄두르를 이용한 찜이나 구이 조리법 발달
옥수수	- 미국 남부, 멕시코, 페루, 칠레, 아프리카 등 - 원산지인 멕시코에서는 가루를 반죽하여 둥글고 얇게 펴 굽는 조리법 - 페루나 칠레에서는 날알 그대로 또는 거칠게 갈아서 죽을 쑤는 조리법 - 아프리카에서는 수프 또는 죽의 형태
서류	- 동남아시아, 태평양 남부의 여러 섬 - 감자, 고구마, 토란, 마 등 - 감자는 안데스 산맥이 원산지로 1550년경 유럽에 전파
고기, 젖	- 몽골 등의 유라시아대륙 - 곡물을 생산할 수 없는 지역 - 유제품의 조리이용법이 발달
빵, 고기, 젖	- 캐나다, 미국, 아르헨티나, 오스트레일리아 등

그 외에 음식을 먹는 방법으로 식문화권을 표 3-3 과 같이 세 영역으로 분류할 수 있다.

표 3-3 | 먹는 방법에 따른 음식문화권의 분류

문화권 분류	지역	특징
숟가락이나 젓가락을 이용하는 수저문화권(약 30%)	한국, 중국, 일본, 대만, 베트남 등	- 한국과 중국은 수저를 함께 사용함 - 일본은 젓가락만 사용함 - 불에 익혀 먹는 중국문화에서 유래함
손을 이용하는 수식문화권(약 40%)	동남아시아, 서아시아, 아프리카, 오세아니아 등	- 이슬람교, 힌두교에서 반드시 오른손을 사용하도록 함
나이프 · 포크 · 스푼을 이용하는 문화권 (약 30%)	유럽, 북아메리카, 남아메리카, 러시아 등	- 16C 이탈리아와 스페인에서 처음 사용함 - 17C 프랑스 궁중요리에서 확립됨 - 빵은 손으로 먹음

또한 쌀을 주식으로 하면서 목축을 하지 않는 지역에서는 채식과 조미료 조리문화가 형성되고, 밀과 목축을 주로 하는 지역에서는 육식과 향신료 조리문화가 발달하였다.

표 3-4 | 조미료와 향신료

조미료	- 채식문화(동남아시아와 동북아시아 등지의 쌀을 주식으로 하는 지역) - 부식으로 이용하는 채소(아미노산이나 핵산과 같은 맛성분 없음)에 짠맛과 감칠맛을 보충해 줌 - 소금, 간장, 된장, 고추장, 젓갈, 어장, 식초 등 - 합성조미료 MSG - 한국, 일본, 중국 : 된장, 간장, 고추장 - 어장 : 베트남(느억맘), 타이(남프라), 필리핀(파티스), 일본(숏쓰루), 말레이시아(벨라칸), 자바(트라시) 등
향신료	- 육식문화(고기와 가축의 젖을 주식으로 하는 지역) - 고기의 누린내를 없애고 본연의 맛을 살리는 조리법 - 고기의 보존 - 후추, 고추, 생강, 허브 및 각종 스파이스류 - 인도의 마살라 : 혼합 향신료의 대표

베트남의 느억맘

타이의 남프라

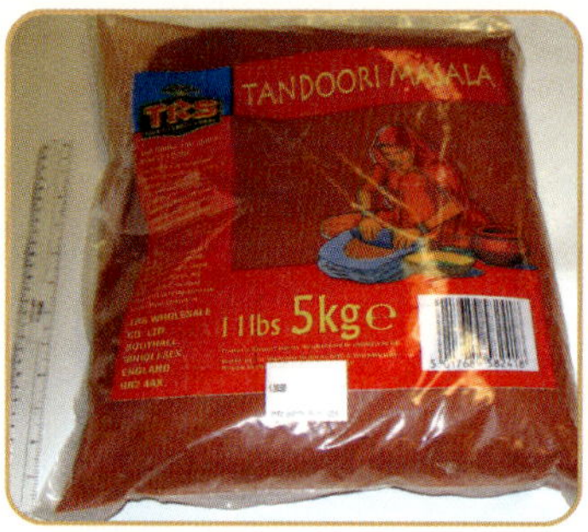

마살라masala

세이지sage

로즈마리rosemary

생강ginger과 레몬lemon

말린 건고추dried red chilli pepper

그리고 버터, 동물의 지방, 식물유 등이 볶거나 튀기는 요리의 매체로 사용되었으며 지중해권의 올리브유, 동남아시아의 코코넛밀크는 음식의 풍미를 위하여 널리 사용되어 왔다.

2) 조리기술

맛있는 음식이라는 것은 시각적인 음식의 색, 형태, 후각적인 음식의 향, 미각적인 맛, 입에서 느끼는 음식의 질감texture 등의 기호감각적 관능 요소와 단백질, 탄수화물, 지질 등 식재료 성분의 가열 조리에 의한 안전성과 소화성이 잘 조화되어 완성된 요리이다. 어떠한 식재료를 얼마만큼 사용하여 불의 강약을 조절하여 삶기, 찌기, 굽기, 볶기, 튀기기 등의 다양한 조리방법 중 어떠한 것을 활용하느냐에 따라 맛있는 요리가 결정된다.

쌀과 밀의 호화온도, 전분의 호화 시 필요한 수분과 물의 양을 아는 것, 부드러운 빵을 만들기 위해 재료의 전처리, 반죽, 발효, 굽는 온도, 시간 등에 관련된 복잡한 기술을 습득하는 것도 훌륭한 푸드코디네이터가 되기 위하여 필요하다.

또한 유지의 특성을 파악하고, 단백질 식품도 중심부가 열에 의해 응고될 때 맛 성분이 손실되지 않도록 하는 조리기술을 습득해야 한다. 바삭바삭함, 먹음직스런 갈색화, 부드러움 등 맛보는 사람의 기호성에 적합하게 만들기 위한 식재료의 선택이나 조리기술, 가열매체, 레시피 등을 선택하고 창조하는 기술이 푸드코디네이터에게 절실히 요구된다.

조리기술 습득

3) 요리

요리를 하는 것은 새로운 식재료에 대한 도전이고 조리기술이나 조리도구 및 주방의 문화를 새로이 가꾸고 창조해 나가는 일련의 과정이다. 또한 요리를 맛보는 행위를 통해 하나하나의 음식을 통해서 그 음식을 준비하고 만든 사람의 요리에 대한 열정을 느낄 수 있고, 식재료에 대한 기호감각적 능력과 식에 대한 가치관을 읽을 수 있으며 음식을 대접하는 마음까지도 파악할 수 있다.

위에서 언급한 주식이 되는 식재료와 조미료 및 향신료, 음식을 맛있게 만드는 조리기술, 가열을 위한 기구를 어떻게 얼마만큼 효율적으로 활용하여 음식을 완성했느냐 등의 요소들에 의해 서로 다른 조리문화가 오늘날도 계속하여 발전하고 있다. 특히 완성된 요리문화 중 한국 · 중국 · 일본의 요리로 대표되는 동양의 조리문화와, 프랑스 · 이탈리아 요리로 대표되는 서양의 조리문화로 나누어 각 조리문화와 푸드코디네이션 기법을 살펴보자.

프랑스요리 / 이탈리아 파스타 / 태국요리

3. 동양의 조리 · 식문화와 푸드코디네이션

동북아시아의 한국, 중국, 일본, 대만과 더불어 동남아시아의 태국, 베트남 그리고 인도, 터키 등을 중심으로 동양의 조리문화가 형성되었다. 이 지역은 농경지와 산, 바다로 이루어진 좋은 자연환경을 가지고 있고 쌀을 주식으로 채소, 임산물, 해산물, 콩, 발효식품 등을 많이 사용한다. 그러나 조금씩 다른 자연환경과 사회적 · 문화적 · 종교적 특성의 영향으로 각기 독특한 조리문화를 형성해 왔다.

숟가락과 젓가락을 사용하는 수저문화권이라는 점과 쌀, 장, 생선, 야채를 식재료로 사용한다는 공통점을 가지고 있는 한국, 중국, 일본의 식문화를 비교하고 분석하는 것은 동아시아의 식문화를 푸드코디네이션하는 데 기초가 된다. 이러한 공통점 속에서도 각 나라마다 독특한 식문화가 형성되어 같은 쌀이지만 종이 다르거나, 멥쌀과 찹쌀을 구분하거나, 조리법이 다를 수 있다. 또한 같은 식재료로 만든 반찬일지라도 향신료나 기름의 사용여부 등의 조리법에 따라 식문화의 특징이 다르지만, 대체로 식물성 식품과 동물성 식품의 영양적 균형이 잘 맞는 특징이 있다. 같은 발효조미료인 장류일지라도 우리나라의 간장, 베트남의 느억맘, 태국의 남프라, 일본의 숏쓰루가 각각 다르게 발달되어 왔다.

1) 한국의 조리 · 식문화와 푸드코디네이션

삼면이 바다로 둘러싸인 한반도는 계절에 따라 생산되는 곡류, 두류, 채소, 생선 등의 식재료를 사용하여 다양한 부식을 조리하였다. 또한 장류, 김치, 젓갈과 같은 발효식품을 만들어 저장하여 요리에 이용하였다. 지역마다 특산물을 활용한 향토음식이 발달하였고 절기에 따른 명절음식과 계절음식이 다양하게 존재한다. 또한 농경문화의 기초 위에 유목문화가 가미된 식문화로, 중국 · 일본과 함께 일찍이 대두를 이용한 두장문화권(한국, 중국, 일본)이 발달하였다.

5천 년의 역사를 이어오면서 정갈하고 맛깔스러운 음식으로 전승된 한국의 식문화는 어려운 시대를 거치면서 쇠퇴의 일로에 놓이기도 하였다. 그러나 한국의 식문화와 조리문화(식재료, 조리기술, 요리 등)를 제대로 익히며, 한국음식을 사랑하고 자랑스럽게 여긴다면 한국음식의 세계화는 그리 어려운 일은 아니다. 이러한 조상들의 문화유산인 한식 조리문화를 잘 가꾸고 보존하여 세계적인 조리문화로 발전시켜 나가는 것이야말로 푸드코디네이션 영역에서 활동하고 있는 이들의 가장 큰 과제이다.

(1) 선사시대 – 부족국가

기원전 6000년경부터 빗살무늬토기를 사용하고 수렵, 어로, 채집과 원시적 농경으로 시작하여 청동기문화와 철기문화를 거치면서 잡곡을 생산하고 가축을 길러 식재료로 사용하였다. 부족국가 시대에는 벼농사를 권장하였으며 제천행사에 사용할 떡과 술 그리고 밤과 대추가 특산물로 생산되었고, 곡물을 쪄서 밥을 지어 먹는 조리법이 고구려 안악고분 벽화에 그려져 있다. 대두는 BC 2000년경의 청동기 유물에서 발견되었고 우리나라에서 중국으로 건너간 대표적인 식재료이다. 중국인들이 '고구려인들은 발효식품을 잘 만든다' 고 한 기록이 남아 있을 정도로 콩발효식품을 개발한 시기이기도 하다. 특히 고구려인들은 오늘날 불고기의 전신인 맥적貊炙을 개발하였는데 고기를 조미하여 꼬챙이에 꽂아 직접 불에 쬐어 구운 고기 조리법의 솜씨를 인정받았다.

농경문 청동기

빗살무늬토기

(2) 삼국시대 – 고려시대

삼국시대에 벼가 주 작물로 자리를 잡게 되어 주식인 쌀밥과 죽, 장, 술, 채소절임, 젓갈, 포 등의 상용 음식 조리법의 확립에 의한 부식의 정착이 전통 식사의 기본구조 정립에 기여하였다. 떡, 약밥, 설병, 감주에 관한 기록이 있고 부엌이 완전한 모양을 갖추게 되어 조리법이 더욱 발달하게 된다. 무쇠솥이 고안되어 시루에 쌀을 쪄서 먹는 밥이 아니라 솥에 끓여서 뜸을 들이는 방식의 밥짓기 기술이 정착되었다. 구리나 쇠로 만든 냄비와 즉석 전골냄비 등도 활용되었다.

고려시대에는 중국으로부터 전래된 불교의 살생금지 규율로 육식보다는 채식 위주의 식사와 차, 유밀과, 다식 등의 조리문화가 발달하게 되었다. 불교가 더욱 왕성해진 고려시대에는 채소나 나물 등의 식물성 식재료를 이용한 조리법에 대한 연구가 활발해졌고 사찰요리도 크게 발달하였으며, 상류층에서는 청자를 그릇으로 사용하였다.

통일신라시대의 부엌

(3) 조선시대

불교가 쇠퇴하고 유교가 국가이념이 되면서 의례규범이 중요시되었다. 차와 유밀과가 사라지고 숭늉, 술, 음청류의 조리법이 발달하였다. 공자 시대에 즐겨 먹었던 개고기가 우리나라에도 전래되어 『음식디미방』, 『증보산림경제』, 『규합총서』에는 개고기에 대한 조리법이 자세히 실려 있다. 중국의 주된 요리식재료인 돼지고기는 기호성의 차이, 향신료의 제한, 요리법의 차이 등으로 우리나라에서는 식재료로 널리 이용되지 못하였다.

통과의례에 따라 잔치나 제례음식의 차림새가 정해졌으며, 사계절에 따른 시식과 명절에 먹는 절식이 있었다. 또한 상차림에 있어서의 격식이 확립되어 오늘날의 3첩, 5첩, 7첩, 9첩, 12첩의 상차림법이 확립되고, 각 지역의 특색을 포함하고 있는 향토음식 또는 팔도음식이 오늘날까지 전승되고 있으며, 엄격한 식사예법도 이 시기에 완성되었다.

장, 김치, 젓갈로 대표되는 한국의 발효음식 문화는 전 세계에서 인정받은 식문화로 정착되었으며, 여러 가지 기원설이 있는 비빔밥 또한 밥과 나물이 결합된 우

조선 후기 벼타작 – 김홍도

조선시대의 기산 풍속화첩의 부엌

리 민족의 독특한 식문화이다. 숟가락과 젓가락을 함께 사용하는 수저문화권이면서 밥을 주식으로 하는 식문화권 중에서 다른 나라에는 없는 숭늉의 문화를 가지고 있기도 하다.

장독대(서운암)

조선 후기에 가뭄과 홍수로 산야의 풀이나 나무껍질, 열매 등을 식재료로 찾게 되었고, 이는 나물과 김치로 대표되는 우리의 채식문화 전통이 마련된 계기이기도 하다. 식기는 고려시대의 청자에서 조선 초기에는 분청사기, 후기에는 순백자 그릇이 사용되었으며, 옹기나 뚝배기와 같은 질그릇은 서민들의 필수품이었으며, 겨울에는 유기제품을 사용하였다. 또한 17세기에 전래된 고추가 한국의 식문화에 큰 획을 그었다.

(4) 개화기

개화기와 육이오전쟁을 지나면서 한식의 화려했던 식문화가 쇠퇴하는 듯하였으나, 현대에 와서 다시 복원되면서 발전하고 있다. 19세기 이후 개화의 물결로 상류층은 서양요리, 중국요리, 외국 술, 양과자, 커피 등을 맛보게 되었다. 일제 강점기에는 어묵, 우동, 모찌, 스시, 다꾸앙 등의 일본의 조리문화가 수용되었고 전통 명주에 통제를 가하여 전통술 제조법이 쇠퇴하게 되었다. 육이오전쟁 이후 식재료의 극심한 부족으로 조리문화는 쇠퇴하였으며, 밀가루 원조 등에 의해 생계가 유지되었다. 분식장려운동에 의한 밀가루 조리법이 그나마 발달하였으며, 축산진흥정책으로 쌀 위주의 식단에 변화가 나타나기 시작했다.

개화기 양식오찬

(5) 현대

급속한 경제성장 덕분에 쇠고기, 생선, 채소, 과일, 우유 등의 식재료의 소비가 급격히 증가하고 외식산업의 발달과 소득증대 등의 사회문화적 현상에 의하여 쌀의 소비가 해마다 줄고 있다. 라면과 패스트푸드의 전파로 간편한 조리법이 발달하

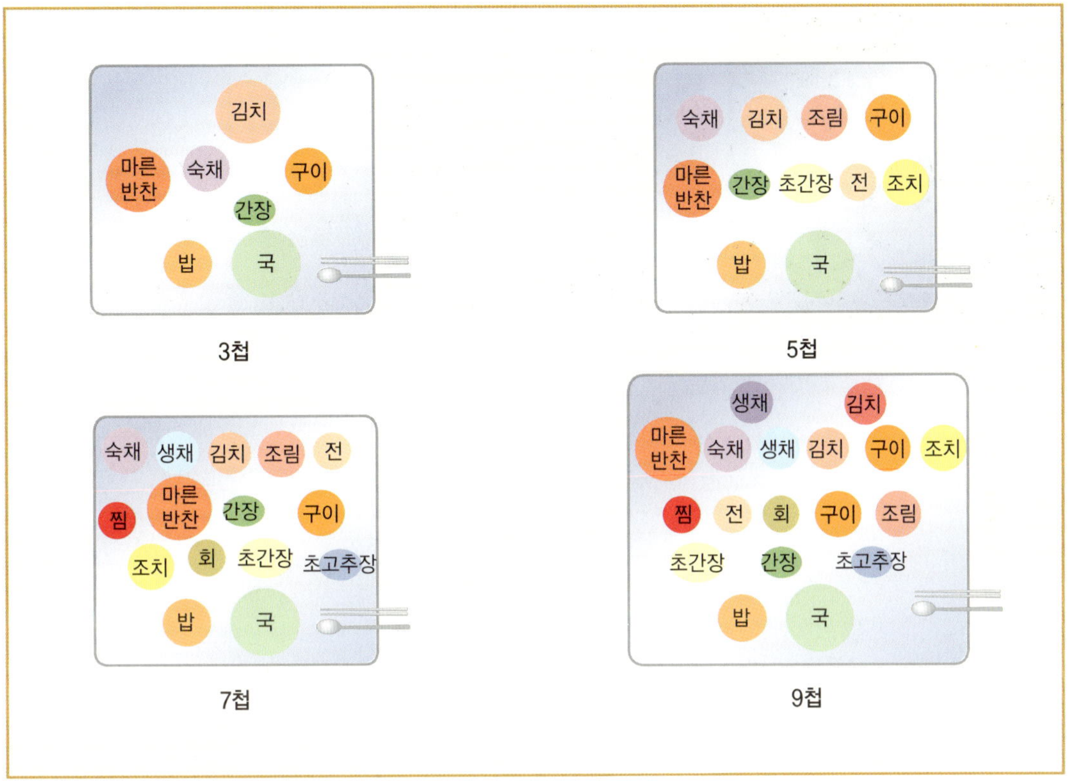

그림 3-5 | 한식의 상차림법

게 되었고 식의 외부화와 식의 정보화 시대가 도래하였다. 대표적인 식품과 음식으로는 장류(간장, 된장, 고추장), 젓갈, 김치, 불고기, 비빔밥, 구절판 등이 있다.

(6) 한식의 푸드코디네이션

패스트푸드와 인스턴트푸드가 범람하는 현대에 고전적인 한식을 보존하는 것은 어려운 일이다. 패스트푸드와 인스턴트식품이 건강에 미치는 폐해가 밝혀지면서 다시 고전적인 한국음식 쪽으로 관심이 쏠리고 있기는 하지만 고도로 발달된 정보화·국제화시대에 살아남을 수 있는 식 스타일이 필요한 것이다. 따라서 개개인의 라이프 스타일에 적합한 한식 스타일을 개발하는 방향으로 푸드코디네이션이 이루어져야 한다.

외국인이 가장 선호하는 한국음식은 불고기, 잡채, 비빔밥, 갈비 등의 순이다. 물론 각 나라 사람마다 좋아하는 음식에 차이는 있다. 중국 사람들은 오리고기나 구이·튀김 종류를 선호하고, 일본사람들은 면류와 간이 강하지 않은 음식을 좋아

패스트푸드

레스토랑

구절판

하며, 유럽이나 북미사람들은 신선로와 고기구이류 그리고 백김치 등을 선호하는 편이다. 우리가 애정을 보이는 보글보글 끓는 찌개가 외국인들에게는 공포가 되기도 하고, 말랑말랑 맛있는 찰떡으로부터 외국인은 찐득한 불쾌감을 느끼기도 한다. 또한 외국인들이 불편해하는 젓가락과 함께 포크와 나이프 및 냅킨 등을 식탁에 준비하는 코디네이션이 한식의 세계화를 위한 가장 기초적인 푸드코디네이션이 될

김치

새우젓

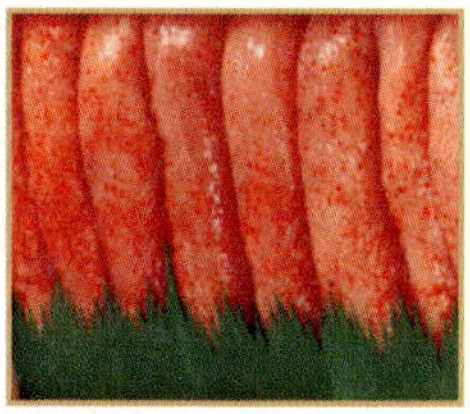

명란젓

멸치젓

불고기

잡채

비빔밥

갈비

수도 있다.

한국음식은 잘게 썰고 다지거나 미리 썰어서 조리해야 하는 등 복잡한 조리법을 지닌 식문화 중 하나이면서 정성과 노력이 많이 든다. 자극적인 맛과 소금, 간장, 된장, 고추장 등을 이용한 간이 중요시된다. 따라서 한국음식을 코디네이트하기 위해서는 이러한 한국의 조리문화와 식문화를 잘 섭렵하고 조리기술을 능숙하게 연마해야 하며 식품배합, 계절과 지역의 특성을 잘 살려 조화된 맛과 한국의 멋을 만들어 내는 능력이 필요하다. 그러므로 한국의 식문화를 프랑스나 중국의 식문화 등에 견주어 경쟁력을 가질 수 있게 만드는 과제도 결국은 푸드코디네이터의 손에 달려 있다 해도 과언은 아니다.

2) 중국의 조리 · 식문화와 푸드코디네이션

중국은 국토가 넓어 각 지역마다 독특한 식재료와 조리법을 자랑하므로 중국의 식문화를 '지역 요리문화' 라고도 하며, 주로 북경, 광동, 상해, 사천 등의 네 지역으로 구분한다 그림 3-6 표 3-4. '약식동원藥食同源' 또는 '의식동원醫食同源' 이라는 중국 음식철학에서 알 수 있듯이 약효가 있는 식재료를 조리에 도입하고 음양오행

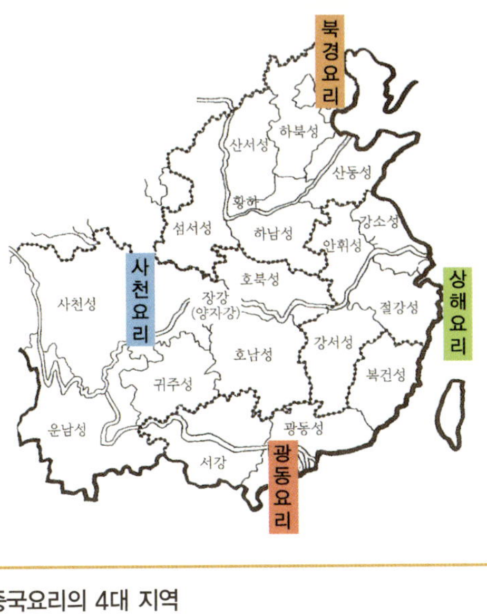

그림 3-6 | 중국요리의 4대 지역

과 오미를 중요시한다. 쌀과 밀 문화가 공존하며 광범위한 식재료와 풍부한 향신료 그리고 조미료를 사용하고, 대부분의 요리는 꾸워즈(중화팬)에 기름을 사용하여 익히는 요리로 한 그릇에 풍성하게 담고 채소 조각품 등으로 장식하는 특징을 가지고 있다. 또한 차문화도 발달하여 식사 때 물 대신 차를 많이 마신다.

세계 3대요리의 하나로 손꼽히는 중국 조리문화는 양자강 유역의 쌀을 주식으로 하는 문화와 황하 유역의 조, 보리 등 잡곡을 주식으로 하는 문화가 독자적으로 생겨난 후 혼합되어 서아시아의 조리문화가 융합되어 발전해 왔다. 한대에서 아열대에 이르는 기후대에서 생산되는 다양한 식재료를 잘게 잘라 여러 가지 맛을 배합하는 방법을 사용하였으며, 중화팬에 기름을 잘 활용하는 조리법이 발달하여 메뉴에도 맛의 농담이 잘 혼합되어 있다.

일본 푸드스페셜리스트협회의 푸드코디네이트론을 기준으로 중국 및 일본요리 문화를 시대의 흐름에 따라 분류 · 정리하였다 **표 3-5** .

표 3-4 | 중국의 지역별 조리문화

지역	조리 · 식문화
북부지역 – 북경 – 산동 – 태원	– 북경 : 오랜 역사를 자랑하는 중국의 수도 – 고급스럽고 사치스런 음식문화 – 쌀보다는 밀 생산이 많아 밀요리 발달 – 만두, 떡, 면, 병, 북경통오리구이, 양고기 요리
동부 연안지역 – 상해 – 양주 – 남경 – 소주	– 양쯔강 유역의 풍부한 해산물과 쌀을 바탕으로 한 화려한 식문화 – 좋은 물로 담근 술과 간장 유명 – 간장으로 푹 끓인 홍샤오와 동파육, 불도장 등
남부지역 – 광동 – 복건 – 동강 – 조주	– 아열대의 고온다습한 기온 – 쌀 3모작, 식재료 풍부 – '식재광주食在廣州 : 음식은 광주에 있다' – 간을 약하게 하고 기름을 적게 사용하여 재료의 원래 맛과 색을 살림 – 탕수육, 상어지느러미 요리, 제비집 요리, 비둘기집 요리, 딤섬 등 – 홍콩요리 포함 – '얌차' : 딤섬과 차를 함께 먹는 식문화
서부지역 – 사천 – 운남 – 호남	– 고추, 산초, 후추, 두반장, 파, 마늘과 같은 향신료 사용 (내륙 산악지대의 악천후를 이겨내고 식품의 부패를 막기 위함) – 짜사이와 같은 소금절임이나 말린 저장식품 – 사천요리 : 한국에서도 인기 있는 독특한 매운맛 음식 – 마파두부, 회과육, 깐쇼새우, 후어꿔 등

중국의 차

자사호

두반장소스, 굴소스, 해선장

북경오리구이

만두

딤섬

얌차

(1) 은 · 주 시대(조리문화의 기본 형성기)

주나라 때에는 식전문가인 '식의'를 두었으며, 불에 잘 익힌 요리와 고기와 채소를 넣어 오래 끓인 국 종류인 갱이라는 요리가 있었다. 식재료를 자르는 방법과 식재료를 배합하는 조리법이 다양했다. 도기나 청동으로 만든 솥과 그릇이 있어서 잡곡밥, 쌀밥, 국, 굽거나 삶은 고기, 육회, 무침 등의 조리가 이미 행해졌다.

(2) 진 · 한 시대(고대 조리문화 완성기)

철이 보급되면서 철로 만든 솥이 사용되었다. 공자 시대에는 소, 돼지, 양을 하나의 식단에 포함시키는 사치스러운 요리도 만들어졌으며, 국을 중심으로 고기나 채소에 된장을 넣어 달게 조린 음식 등 다양한 요리가 있었다. 밀가루로 만든 '자병' 이 북부지방의 일상식이었으며, 조미료로는 소금, 장, 누룩, 식초, 꿀 등이 사용되었고 딱딱한 음식에 반하여 부드러운 음식에 대한 기호도도 증가한 시기이다.

(3) 삼국 · 위진남북조 시대(조리의 새로운 기술 발전기)

철솥의 사용이 일반화되고, 밀가루로 만든 찐떡의 일종인 '호병' 이 만들어졌으며 발효기술도 발전되었다. 후추와 설탕이 유입되고 식문화의 고전인 『제민요술』이 간행되었다.

(4) 당 시대(조리문화의 황금기)

페르시아 등의 서아시아로부터 과일과 채소 등 각종 식재료가 유입되었고, 설탕과 차가 보급되고 밀가루를 이용한 조리법이 다양하게 개발되었다. 음식의 효능을 의학적 견지에서 정리한 『식료본초』가 간행되면서 먹어서는 안 되는 것과 함께 먹으면 해로운 것 등에 대한 음식의 터부 현상도 나타나기 시작했다.

(5) 송 · 원 시대(중국 남북의 조리법 혼합기)

남북의 식재료와 조리법이 혼합되면서 식재료의 다양화가 이루어졌고, 강한 화력을 공급하는 석탄의 보급으로 조리기술은 더욱 발달하게 되었다. 데친 채소를 소금으로 간하여 깔끔한 맛을 내는 요리, 고기를 넣어 끓인 장국이 유행하였다. 직화로 구운 고기와 만두 등으로 대표되는 몽골풍의 조리가 원나라 때 추가되었고 남쪽의 볶음요리와 가는 탕면요리도 전국으로 퍼져 나가 볶기, 끓이기, 찌기, 굽기, 튀기기 등의 조리법 중 2개 이상을 혼합하는 복합 조리법도 생겨났다.

(6) 명 · 청 시대(현대 조리문화의 집대성기)

명 말기에는 피단, 전복, 북경오리, 상어지느러미 등의 새로운 식재료가 등장하였고 식재료 자체의 맛보다는 조리에 의해 창조된 맛을 중시하여 조리기술이 더 발달하게 되었으며 간장의 대량 생산, 양념, 조미료가 더욱 발전하였다.

청 시대는 근대 중국요리기술이 집대성된 시기로 상상을 초월한 식재료로 식 삼매에 빠진 서태후에 의해 세련되고 탁월한 조리법과 조미법이 개발되었고, 호화스럽고 광범위한 '청요리' 가 완성되었다. '만한전석' 도 이때 만들어진 호화로운 식단이다.

(7) 현대(중국요리의 대중화)

중국요리가 대중화되어 전 세계에 퍼졌으며 홍콩요리가 완성되고, 딤섬을 먹으면서 차를 마시는 '얌차' 등도 생겨났다.

중국요리의 패러다임을 제시한 『중국명채보』가 간행되었다. 대표적인 식품과 요리에는 북경 지방의 북경통오리구이(베이징카오야) · 송화단, 상해지방의 동파육 · 불도장, 광동지방의 딤섬 · 탕수육, 각종 이색 요리, 사천지방의 마파두부 · 긴샤요밍샤(새우칠리소스볶음) 등이 있다.

딤섬과 차

북경오리구이

오향장육

탕수육

마파두부

표 3-5 | 중국요리와 일본요리의 발전사

중국요리

서력	시대	중국요리
1600	夏	굽든지 끓이는 조리(熱食)
1400–1200	商(殷)	곡물 밥(낟알 식) 국(푹 끓인 요리)
1000	西周	
800–600	東周	여러 식재료의 배합요리 다양한 조리법
400	戰國	
200	泰	
BC 0	前漢	보리분식(삶은 떡 시작) 조미료 : 식염, 장(된장), 꿀, 누룩(酒麴), 초(酢)
AD 200	後漢	부식요리 시판
	三國	찐빵, 발효기술 통구이 요리
400	晋 南北朝	『제민요술(齊民要術)』
600	隋	후추, 설탕(석밀)도입
800	唐	『식료본초(食療本草)』
	五代十國	
1000–1200	宋	니모노(삶은 것) 중심의 요리
	元	남방 볶음 요리의 일반화
1400	明	간장 대량생산
1600–1800	清	『수원식탁(隋圓食卓)』 근대 중국요리 완성
	中華民國 中華人民共和國	『중국명채보(中國名菜譜)』 간행

일본요리

시대	일본요리
죠몬 후기	데치기, 끓이는 죠리 데치기→끓여서 맛을 우려내기→국종류 ↘떫은 맛 우려내기 푹 끓이기→죽→밥 ↘국→조림 굽는요리
죠몬 말기	끓이기용 평저 심발토기 답기용 얕은 주발토기 보존용 채색토기 개인용 완형토기 계절감을 고려한 조리 제철을 중시
야요이	쌀조리 시작 화덕, 솥, 시루(밥짓기 세트)
고분	중국 조리문화 도입
아스카	조미료 : 식염, 초, 어장, 곡, 장, 육장, 된장
나라	
헤이안	젓가락, 각각의 식기 보여주는 요리의 정착 대향요리
가마쿠라 남북조 무로마치 아즈치모모야마	정진요리(精進料理) 혼젠요리(本膳料理) 요리유파의 성립 남만요리 차가이세키요리(懷石料理)
에도	일식완성 카이세키요리(會席料理)
메이지 다이쇼 쇼와	일본 · 서양 · 중국 절충요리 가정요리

기본적 형성과정, 국제화과정, 성숙과정, 완성과정

출처 : 푸드코디네이트론. 일본 스페셜리스트협회

3) 일본의 조리 · 식문화와 푸드코디네이션

일본 요리는 '눈으로 먹고 보면서 즐기는 요리'로 널리 알려져 있다. 일본음식은 중국요리와 남만요리의 영향을 받았으며, 각각의 상징성과 절차가 있고, 담음새가 까다로우며, 채소 썰기법만 하더라도 30여 가지 이상이나 될 만큼 조리기술 또한 예술성을 담고 있다. 따라서 요리를 그릇에 보기 좋게 담고, 맛과 장식에 있어서 계절감을 중요하게 여기며 깨끗하고 담백한 맛과 1인분씩 담는 식문화로 발달되어 왔다. 에도 시대에 완성된 일본요리는 메이지 시대 이후 서양의 요리가 도입되어 가정요리에도 영향을 주었다.

사시미

(1) 조몬 시대(자연식 시대)

동식물을 날것보다는 익혀서 먹었던 시기로 약 1만 2천 년 전으로 추정되는 취사전용 냄비인 죠몬토기가 발견되었다. 도토리 등의 나무열매에서 떫은맛을 우려내는 가열조리 기술이 있었던 점과 조갯국의 증거인 패총은 주 식재료를 안정되게 확보하고 어류의 회유상황, 제철음식에 대한 계절 관련성을 응용할 수 있었던 것으로 추정된다. 특히 현대 일본인이 계절감을 고려하여 식재료를 선정하고 요리를 그릇에 아름답게 담는 것은 이 시대의 조리문화의 계승이라고 볼 수 있다.

(2) 야요이 시대, 고분 시대(벼농사 시대)

야요이 시대에 한반도를 통하여 물을 이용하여 벼를 경작한 시기로 쌀밥과 떡을 신성시하고 쌀밥을 동경하는 일본 조리문화가 형성되었다. 고분 시대에는 주거공간 내에 화덕, 솥, 시루 등의 밥짓기용 주방기기가 도입되었다. 주부식의 개념이 뚜렷해지고, 제염법을 알았으며 발효염장식품이 등장하였다.

(3) 아스카 시대, 나라 시대, 헤이안 시대(귀족 시대)

아스카 시대에 중국의 조리문화가 도입되어 중국의 문화가 일본의 조리문화에 영향을 끼쳤다. 특히 식염, 초, 어장, 곡, 장, 육장, 된장 등의 조미료가 도입되었고, 불교문화가 성행하면서 육식에 대한 금기가 엄격해졌고, 식사에 대한 미신도 널리 퍼졌다. 채소와 근채류로 만든 요리에는 국, 탕, 무침, 데침, 절임 등이 있었다. 어패류로 만든 요리에는 건어물, 초무침 등이 있었다.

나라 · 헤이안 시대에 귀족들이 형식을 중시하는 '대향요리'로 연회를 열었으며, 각각의 식기와 젓가락을 사용하였다. 삶기, 굽기, 데치기, 무치기, 탕, 절임 등의 일본식 요리형태가 나타나면서 요리의 형식과 음식 의례가 시작되었으며, 보여주는 요리가 정착되었다.

(4) 가마쿠라 시대, 무로마치 시대(무인 시대)

육식, 어패류 등을 전혀 사용하지 않은 사원요리인 '쇼진요리精進料理'가 발달하여 민간에까지 보급되었으며, 쌀밥을 높이 담는 다카모리메시, 된장국, 금방 삶거나 구운 음식을 차리는 법 등 음식 맛보기도 발달하였다.

쇼진요리

무로마치 시대는 일식이 발달한 시대로 예의범절을 중시하는 일본의 정찬요리인 '혼젠요리本膳料理'가 완성되었다. 무사들의 체력소모를 보완하기 위해 하루 2끼 식사를 하루 3끼 식사로 먹게 되고, 오오닌의 난 이후 요리에 간장을 사용하게 되었으며, 방에 다다미를 깔게 되는 일본 생활양식의 원류가 나타난 시기이다.

혼젠요리(本膳料理)

- 1즙汁 3채菜 : 국 1개, 반찬 3개
- 2즙汁 5채菜 : 국 1개, 반찬 3개
- 3즙汁 7채菜 : 국 1개, 반찬 3개

* 결혼식에는 5개의 상에 3즙 7채이지만 생일, 졸업, 입학 등의 가족모임에서는 1즙 3채 또는 1즙 5채가 흔하다. 오늘날에는 1즙 5채, 2즙 7채, 3즙 9채 등으로 변형되기도 한다.

(5) 아즈치모모야마 시대, 에도 시대(일식 완성시대)

카이세키 요리

남만무역으로 남만요리가 전해져 덴푸라가 등장하고 새로운 채소, 설탕, 향신료 등의 식재료가 유입되었다. 화과자가 생겨나고 식재료가 가진 본연의 맛과 조리기술에 중점을 둔 다도 중 나오게 되는 '차가이세키요리懷石料理'가 번성하고, 혼젠요리를 주연용으로 간소화한 '카이세키요리會席料理'가 나타났다. 에도 시대에는 화폐경제가 발달하면서 식품조리법, 식사법을 집대성하는 일본식의 완성기를 맞게 되고 요리책도 출간되었다. 또한 개별적으로 상을 차리는 개인상이 일반화되었고, 식사 때 앉는 장소에 따라 또는 주부식의 내용에 따라 서열이 달라지는 등 식사를 통하여 규율과 질서를 교육하는 문화가 형성되었다.

(6) 메이지 시대, 다이쇼 시대, 쇼와 시대(일식 · 양식 · 중식의 절충시대)

메이지유신 이후 식품의 금기가 사라지고, 영양학적 · 위생학적인 지식이 보급되어 국민건강이 향상되었다. 다이쇼 시대에 다리를 접을 수 있는 낮은 밥상이 보급되면서 가족 전원이 같은 식탁에 둘러앉아 먹는 새로운 스타일의 문화가 생겼다. 제2차세계대전 이후 쇼와 시대에 침실과 주방이 분리되었고, 다다미에 앉아 먹는 형식에서 테이블 위에 걸터앉아 먹는 형식이 완성되었다. 프랑스요리가 도입되어 서양 음식점이 생겨나고 식생활의 합리화를 추진하여 일식 식단에 양식과 중식 요리가 절충된 가정요리가 생겨났다.

(7) 현대(식의 정보화시대)

일본 역시 고도의 경제성장과 식품산업이 발달하면서 부식요리가 다양화되고 쌀 이외에 빵, 면류 등의 소비가 증가하였으며 여성의 사회활동이 늘어나면서 인스턴트식품의 소비가 증가하였다. 식의 소비형태가 변화하면서 패밀리 레스토랑과 체인화된 외식업체가 고급 외국요리점과 더불어 성업중이다. 오일쇼크 후 환경을 배려하는 소비운동이 일어나고 패스트푸드, 냉동식품, 완전조리식품, 고급 서양식 반찬인 델리카, 고급 일본식도시락들을 조리 없이 그냥 식탁에서 먹는 식 스타일도 생겨났다.

미디어 기술의 발달과 해외여행 증가 등으로 식 정보가 현저하게 증가하면서 혼자 먹는 식사孤食와 한 식탁에서 각자 좋아하는 음식으로 서로 다른 것을 먹는 식사個食 등의 독특한 식문화도 정착되었다. 특별한 날에 먹는 통과의례식이나 종교행사식도 외국의 식문화와 혼합된 형태로 존재하거나 없어지고 있다.

조리를 가정 밖에서 의존하는 식의 외부화와 넘치는 식의 정보 속에서 자신에게 적합한 정보를 선택하여 식사를 해야 하는 능력이 요구되는 시대로 푸드코디네이터의 활동영역이 더 광범위해진 시기이다.

일본의 대표적인 식품과 음식으로는 쯔게모노, 사시미, 스시, 오뎅, 스끼야끼, 오꼬노미야끼, 돈부리, 소바 등이 있으며 설날에 먹는 오세치 요리御節料理도 있다.

오세치 요리(御節料理)

일본에서 설날에 먹는 음식으로 5법 · 5색 · 5미를 맞추어 3~5단 찬합에 담는다. 검은콩은 복을, 멸치는 풍작을, 연근은 지혜를, 새우는 장수를, 밤은 재운財運을, 다시마는 행운을, 청어알은 자손번성을 상징한다.

일본 현대식당

소바

오세치 요리

쯔게모노

사시미

스시

스시

스시

일본오뎅

오꼬노미야끼

돈부리

우동

개인상

개인상

일본식도시락

패스트푸드

패스트푸드 자판기

4) 태국의 조리 · 식문화와 푸드코디네이션

아열대 지역인 태국은 쌀 경작에 적합하여 쌀국수, 쌀볶음밥인 카오팟 등이 유명하며, 열대 과일과 코리앤더와 같은 향미채 및 향신료도 풍부하다. 긴 해안선과 메콩강을 통해 신선한 해산물이 풍부하다. 생선에 소금간을 하여 발효시킨 우리의 멸치액젓과 비슷한 '남프라'가 대표적인 조미료로 사용된다. 국경이 인접한 중국과 인도의 영향을 받은 음식들도 많지만 톰양쿵tam yam kung, 쏨땀somtam, 팟타이pad thai, 수끼와 같은 세계적으로 유명한 독특한 음식문화를 형성하기도 하였다.

남프라

톰양쿵

쏨땀

수끼

태국음식 1

태국음식 2

태국음식 3

태국음식 4

5) 베트남의 조리 · 식문화와 푸드코디네이션

베트남 커피

긴 국토와 긴 해안선이 특징인 베트남은 대표적인 쌀 경작지이며 어패류가 풍부하고 육류와 신선한 열대과일도 풍부하다. 물은 석회 성분이 많아 꽃을 넣은 화차花..가 발달하였고, 커피의 수출국이기도 하다. 채식으로만 구성된 사찰음식문화도 있으며 작은 생선을 소금에 절여 만든 발효액젓인 '느억맘nuoc mam'과 포(쌀국수) 그리고 반짱(라이스페이퍼), 짜조(스프링롤)는 베트남을 대표한다.

느억맘(피시소스)

포(쌀국수)

반짱(라이스페이퍼)

짜조(스프링롤)

6) 인도의 조리 · 식문화와 푸드코디네이션

넓은 국토와 다양한 지형, 많은 인구를 가진 인도는 80%가 힌두교, 나머지가 이슬람교, 불교, 자이나교 등을 종교로 하고 있으며 계급제도인 카스트가 엄격하여 같은 카스트끼리만 식사를 한다. 종교와 지역에 따라 식문화는 상당히 차이가 있어 힌두교는 소를 신성시하여 쇠고기를 금하고 이슬람교는 돼지고기를 금기시하며, 주로 '채식주의' 식문화가 형성되어 있다. 1858년부터 100년간 영국의 지배를 받으면서 인도 아샘 지방의 홍차가 영국으로 건너가 영국인들의 차문화 형성에 영향을 미쳤고, 커리(카레)가 서구세계에 알려진 계기가 되었다. 정향, 계피, 생강 등의 원산지이기도 한 인도는 향신료의 나라로 일컬어지며, 인도를 통해 중국, 서아시아, 그리스, 유럽에 향신료가 전파되었다. 여러 가지 향신료를 혼합한 '마살라' 는 인도 음식에서는 없어서는 안 될 향신료이며, 콩요리의 통칭인 '다알', 탄두르 화덕에 붙여 구운 '난' 등은 유명하다. 손으로 먹는 수식 문화권인 인도는 왼손을 부정하다 하여 오른손으로만 식사를 하는 식문화를 형성하였다.

난

다알

마살라

마살라

4. 서양의 조리 · 식문화와 푸드코디네이션

이탈리아 · 스페인 · 포르투갈 등 남유럽, 노르웨이 · 스웨덴 · 핀란드 등 북유럽, 프랑스 · 독일 · 영국과 지중해 연안 사람들의 전쟁과 화합을 통하여 수렴된 조리문화를 서양요리라 하고 17세기까지는 이탈리아 요리가, 18세기 이후부터 현재까지

는 프랑스 요리가 전체 서양요리의 중추적인 역할을 해왔다.

그리스 · 로마 시대가 막을 내리고, 중세의 유럽은 보리와 같은 곡물과 목축에 의한 식재료 생산이 확립되었지만 전쟁과 페스트와 같은 감염병, 기근이 계속되어 식생활 문화가 발달하지는 못하였다. 주로 곡물, 육류, 콩, 양파 등을 넣어 끓인 수프나 곡물죽을 상식하였으며 공동으로 사용하는 화덕에 빵이나 과자를 구워 먹는 수준에서 서민의 식문화가 형성되었다. 숙박과 식당을 제공한 '오베르쥬' 와 선술집인 '타베르누' 가 있었지만 무척 제한적이었고, 수프를 만들어 판매한 음식점인 '부이용' 레스토랑이 오늘날의 레스토랑의 전신이라고 볼 수 있으며 외식이 시작된 시기이기도 하다.

르네상스 시대에 이르러 이탈리아 메디치 가문의 카트린느 메디치가 프랑스의 앙리 2세에게 출가하면서 다양한 식재료와 화려하면서도 섬세한 궁중요리 기술이 프랑스에 전해져 발달하기 시작하였다 표 3-6 . 프랑스 귀족들은 요리를 시각적으로 즐기기 위한 장식법, 자리배치법, 서비스 방법 등 식의 미학에 많은 정열을 쏟아 오늘날 고급 레스토랑 요리의 핵심인 '오뜨 뀌진' 을 탄생시켰다.

17세기에 파리에는 카페가, 런던에는 커피하우스와 인inn이 매우 성업하여 사람들의 모임장소가 되었다. 영국에서는 '타반' 이라는 사교장소를 만들어져 귀족들에게 술과 식사를 제공하였다.

프랑스 궁정에 축적된 요리기술이 프랑스혁명 후 시민사회에 개방되면서 1800년대에는 수백 개의 레스토랑이 번창하였으며, 레스토랑 안내책자나 정보지 등이 발간되어 오늘날 요리 저널리즘의 기초가 마련되기도 하였다. 특히 미식가인 브리야사바랭은 1825년 『미각의 생리학』이란 저서를 통하여 식문화의 철학성과 식의 과학화 그리고 예술적 승화에 큰 공헌을 하였다. 식공간의 연출을 시도하고 요리의 시간적 · 공간적 전개를 합리적으로 배치한 메뉴 등이 오늘날에도 국제적으로 공인되고 있다.

이탈리아의 파스타와 피자, 프랑스의 에스카르고 · 푸아그라 테린 · 트러플 · 꼬

표 3-6 | 이탈리아와 프랑스 요리 발전사

서력	이탈리아요리	프랑스요리
BC 500	『아피큐스 요리서』	
400	고대 로마요리	
300	발효빵(오븐)	
200	플루멘츰(포렌타)	대삼림지대의 자연에서 육성된 지방요리
100	돼지, 닭 통구이	
AD 100	고대 로마 전성기 푹 끓인 요리(철냄비, 청동냄비) 소금에 절인 돼지고기와 완두콩 어장, 와인비네거, 기름	
200	식염, 레몬, 꿀 향신료, 향초	
300	과일, 야채 샐러드 오믈렛, 치즈케이크	
400	중세 침체기	
500	빵가게(구이 화덕, 훠르노) 출현 주식(主食) 조리의 사회화	
600		
700	수도원에서의 조리문화 유지	
800		
900		서프랑크 왕국 성립
1000	『프라티너 요리서』	프랑스 요리의 고딕시대 귀족의 음식 조리문화
1100	로마 요리의 재발견	농민의 빵식 조리문화
1200	로마 빵, 과자 빵 재개 파스타 출현(데치는 요리)	
1300		
1400	설탕 이용 개시	
1500	신대륙의 야채(토마토, 감자 등) 도입	현대 프랑스요리 고급요리(귀족의 주방에서 발달)
1600	스테파니 『좋은 요리 기술』 현대 이탈리아 요리의 집대성	지방요리(지역에서 생겨난 요리) 그 땅에서 거둔 재료를 살린
1700	빨간 토마토(빼놓을 수 없는 조미료가 됨)	자연스러운 요리
1800	제면기(산업혁명)에 의한 파스타 제조	프랑스혁명
1900		브리야사바랭 『미각의 생리학』 현대 프랑스요리 집대성
2000		자연으로 돌아가는 요리의 재발견

출처 : 푸드코디네이트론. 일본 스페셜리스트협회

꼬뱅 · 치즈 · 프랑스빵 · 와인, 독일의 사우어크라프트 · 아이스바인 · 슈니첼 · 스패즐 · 소시지 · 맥주, 영국의 로스트 비프 · 요크셔푸딩 · 피시앤칩스 · 스테이크와 키드니 파이 · 코니쉬 페이스트리 등은 유럽을 대표하는 음식이다.

1) 이탈리아의 조리 · 식문화와 푸드코디네이션

이탈리아 지도

유럽 음식문화의 어머니로 불리는 이탈리아 음식은 지중해성 기후에 적합한 작물들인 밀, 포도, 올리브 등의 식재료로 만든 빵, 파스타, 포도주, 올리브유가 핵심식품이다. 목축업이 발달하여 최고의 치즈와 육가공품들이 생산되어 조리에 활용되고, 남부에서는 풍부한 해산물을 이용한 조리법이 잘 발달했으며, 프랑스 요리의 모체가 되었다.

(1) 고대 로마

3세기 전반에 지중해 패권을 장악한 로마는 곡물과 향료로 로마식 향연이라고 불리는 화려한 식도락을 즐기며 로마귀족에 의한 조리문화가 확립되었으며 시민들도 빵, 돼지고기, 와인으로 넉넉한 식생활을 하였다. 이집트에서 오븐을 받아들여 빵, 돼지통구이를 만들었으며 데친 고기 요리, 샐러드, 과일, 달걀요리, 완두콩과 돼지고기를 푹 끓인 요리 등 거의 모든 조리법이 개발되었다. 와인비네거인 발사믹, 레몬, 꿀, 기름, 향신료 등도 사용되었다.

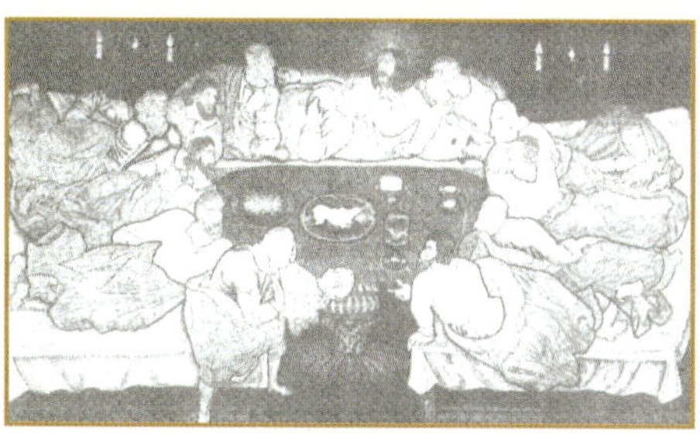

고대 로마 향연

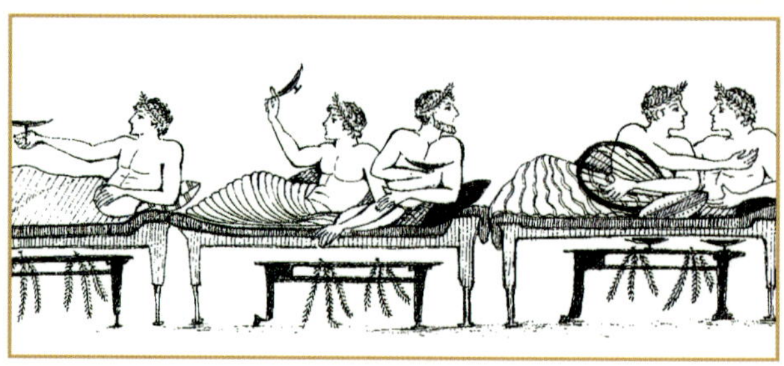

고대 그리스 향연

(2) 중세(5-13세기) : 조리문화 침체기

로마제국이 멸망하면서 농업은 황폐해지고 이탈리아의 식생활 수준은 쇠퇴하였으며, 산지의 소규모 농업과 수도원에 의해 조리문화가 겨우 유지되었다. 삶거나 직접 불에 굽는 조리법과 기본적인 야채, 치즈가 주가 된 조리문화였으며 딱딱한 빵을 미네스트로네와 비슷한 수프에 적셔 먹었다.

(3) 중세 이후- 르네상스 시대(14-16세기)

십자군전쟁 이후 교역의 길목이었던 이탈리아의 도시에 부가 축적되기 시작하면서 많은 식자재와 향신료가 남용되고 소스와 버터로 덮힌 무거운 조리문화가 되었다. 3대 조미료인 레몬 · 와인비네거 · 올리브유가 있었고, 12세기에는 흰빵, 13세기에는 파스타가 만들어져 고기를 대신하여 주식이 되었다.

15세기에는 설탕이 도입되고 마카롱과 케이크가 만들어졌으며, 신대륙으로부터 감자 · 토마토 · 옥수수 등이 도입되었다.

중세 수도원 식사

레몬

올리브유

와인비네거

(4) 르네상스 이후-현대

17세기에 지중해 패권을 빼앗기면서 향료가 사라지자 토마토가 대신 사용되어 순수 이탈리아 요리의 특징이 확립되었다. 제면기에 의한 건조 파스타가 만들어지면서 버터와 크림소스 중심의 파스타에 토마토소스가 더해지면서 식재료 본래의 신선한 맛을 살리고 채소를 많이 사용하는 조리가 선호되었다. 1861년 이탈리아의 통일이 이루어지면서 독자적인 지역 조리문화의 통합이 일어났고 고유 음식의 보존에 열성을 기울인 결과 오늘날의 이탈리아 요리가 완성되었다. 파스타, 피자, 모짜렐라 치즈, 리조또, 프로슈또, 모르타델라(햄), 티라미수 등이 대표적인 요리이다.

토마토

제면기

토마토소스

각종 파스타

피자

각종 피자

프레시 모짜렐라 치즈

피자용 모짜렐라 피자

리조또

리조또

프로슈또 모르타델라(햄)

티라미수

2) 프랑스의 조리·식문화와 푸드코디네이션

유럽문명의 교차로인 프랑스는 기름진 토양과 바다에서 나는 최고 품질의 식재료(포도, 치즈, 채소, 과일, 수산물 등)를 든든한 밑바탕으로 세계 3대요리 중의 하나인 프랑스 요리를 탄생시켰으며, 이후 프랑스 요리가 공식 만찬이나 고급 레스토랑 메뉴의 주류를 이루고 있다. 프랑스인은 단순히 맛있는 음식에 만족하지 않고 요리를 돋보이게 하는 그릇, 음식 스타일링, 서비스, 식사예절까지도 발달시켜 음식을 예술작품으로 승화시켰는데, 이러한 것들이 오늘날의 푸드스타일링의 모체가 되었다.

프랑스 지도

프랑스 요리

이탈리아 메디치가의 카트린느 메디치

(1) 고딕 시대(16C)

초창기 프랑스의 음식 맛은 세련되지 못하였으며, 귀족의 조리문화는 주로 고기와 치즈로, 서민의 조리문화는 흑빵과 치즈로 이루어져 있었다. 1553년 프랑스의 앙리 2세가 이탈리아 메디치가의 카트린느 메디치와 결혼하면서 이탈리아의 화려한 조리문화가 프랑스에 소개되었다.

(2) 17세기 프랑스 요리(부르봉 황실 시대)

대식가였던 루이 14세는 파리에 조리학교를 설립하고 훌륭한 조리사들을 배출하여 많은 요리와 소스를 개발하였다. 1651년 앙리 4세의 조리장 바렌은 『조리의 법칙과 조리법에 관한 책』을 출간하였고 루이 15세는 조리의 과학화와 예술적 승화를 통하여 아름다운 프랑스 요리를 완성하였다. 특히 이때에는 왕과 왕비들이 손수 요리를 하여 그들의 이름을 요리명으로 붙이기도 하였다.

(3) 프랑스 대혁명(1792년)

부르봉 왕조가 몰락하면서 귀족들이 생활고를 해결하기 위하여 전문 조리사와 하인을 데리고 자신의 집에서 음식을 판매하게 되면서 오늘날의 고급 레스토랑의 시초가 되었다.

마리 앙투안 카렘

(4) 혁명 이후 – 현재(프랑스 요리의 집대성 시대)

'프랑스 요리의 아버지' 로 칭송받고 있는 마리 앙투안 카렘은 수프를 디너코스의 첫 코스로 제공하였으며, 얼음조각물과 양초 조각물과 같은 분위기를 돋보이게 하는 기술도 개발하여 프랑스 요리의 황금기를 이끌었다. 이후 '프랑스 요리의 제왕' 이라 불리는 에스코피에는 프랑스 요리를 체계적으로 분류, 간소화하였고, 조리사들의 바이블로 손꼽히는 『요리안내』라는 저서를 출간하였다. 에스코피에가 죽은 뒤 상류계층 문화는 점차 사라지고 대중을 위한 조리문화가 자리 잡기 시작하였다.

프랑스 부유층의 고전적 고급요리인 '오뜨 뀌진 Haute cuisine',

지방의 특산물로 만든 향토요리인 '뀌진 뒤 떼르와 Cuisine du Terroir' 가 있으며, 1970년대 초 예술적으로 적은 양을 섬세하게 담아 시각적인 효과를 강조하는 '누벨 뀌진 Nouvelle Cuisine' 이 창작되었다. '새로운 요리' 라는 뜻의 '누벨 뀌진' 은 조리법이 간단하고 제철식품을 이용하며 조리시간이 짧은 것이 특징이다. 요즈음은 자연으로 되돌아가는 요리가 유행하고 있으며 에스카르고(달팽이), 푸아그라(거위간), 트러플(송로버섯), 꼬꼬뱅, 프랑스빵, 치즈, 와인 등이 대표음식이다.

에스코피에

꼬꼬뱅

부야베스

포토프

에스카르고

푸아그라

트러플

프랑스 빵

치즈

치즈

와인(보졸레누보)

와인

3) 터키의 조리 · 식문화와 푸드코디네이션

유럽, 아시아, 아프리카를 연결하는 동서 문화의 교두보인 터키는 실크로드를 따라 동서 문명이 섞인 다양한 문화를 보여준다. 중앙아시아에 기원을 둔 터키족은 유목민이었기 때문에 주식은 말고기나 양고기와 젖, 치즈, 요쿠르트 등의 유제품이다. 특히 고기 저장법이 발달하여 우리의 육포와 비슷한 '파스트르마pastirma'와 소시지 형태인 '수쿡sucuk', 말젖을 발효시킨 '쿠미스kumis', 구운 고기인 '케밥kebab', 양갈비(피르졸라), 아이스크림인 '돈두르마' 등이 유명하며, 이러한 터키 요리를 세계 3대요리에 넣기도 한다.

파스트르마

수쿡

양갈비

케밥

케밥 노점

매운 아다나케밥

돈두르마

4) 북아메리카의 조리 · 식문화와 푸드코디네이션

콜럼버스 이후 1620년 영국의 메이플라워호가 북아메리카에 도착한 것을 계기로 유럽의 여러 민족의 이주가 계속되어 다인종 · 다문화적 특성을 가진 미국의 식문화를 샐러드 볼이라는 별명으로 칭하기도 한다. 즉 개성 있는 다른 문화들이 공존하면서 자신의 특성을 잃지 않으며 조화를 이루는 현상을 이르는 말이다. 북아메리카의 토착 음식은 이민자들이 도착하기 이전에 거주했던 아메리칸 인디언들에 의해 개발된 음식이다.

비옥하고 광활한 땅에는 감자, 옥수수, 토마토, 땅콩, 담배, 호박, 고추, 메이플

시럽 등의 식재료가 풍부하였으며, 식품가공기술과 더불어 토마토케첩, 타바스코 소스, 칠리소스 등이 개발되었다.

퓨전 요리의 대명사인 케이준 요리(예: 잠발라야)와 크레올 요리(예: 검보), 클램차우더, 콘프리터, 스푼 브레드, 사우전아일랜드 드레싱, 오이스터 칵테일, 텍스-멕스 요리, 햄버거, 핫도그, 애플파이, 칠면조 요리, 레모네이드, 젤리 디저트 등 역사는 짧지만 간단하면서도 다양한 요리법을 갖춘 식문화가 형성된 것이 특징이다.

검보

클램차우더

오크라

메이플시럽

잠발라야

잠발라야 카레

케이준믹스

클램차우더 통조림

햄버거

5) 중 · 남아메리카(라틴아메리카)의 조리 · 식문화와 푸드코디네이션

옥수수, 감자, 고구마, 고추, 계피, 카카오, 땅콩, 호박, 아보카도의 원산지인 라틴아메리카는 스페인의 오랜 통치로 대부분 스페인어를 사용하며 원주민들의 고유한 음식문화를 기초로 유럽의 식문화가 도입 · 융화되었다.

옥수수 문화인 멕시코의 타코 · 나쵸 · 살사 · 엔칠라다 · 화이타 · 퀘사디야 · 또르띠야 · 데킬라 술, 안데스 산맥에서 감자의 문화를 꽃피운 페루의 오코파 · 야핑가쵸 · 로르코, 브라질의 츄라스코 · 페이죠아다 등은 식의 국제화와 정보화 시대에 힘입어 세계인의 음식이 되고 있다.

옥수수

타코

나쵸

살사-쿠아카몰

토마토살사

엔칠라다

화이타

퀘사디야

또르띠야 만드는 모습

칼루아, 데킬라

에스닉(Ethnic) 요리

에스닉은 '민족적인'이라는 사전적 의미를 가지고 있어서 세계의 모든 민족 요리가 저마다 에스닉 요리가 될 수 있다. 일본에서 '에스닉 요리'에 대한 설문조사 결과, 인도 요리, 자메이카 요리, 타이 요리, 멕시코 요리 등이 그 순위를 차지하였다. 즉 일본인들이 이국적이라고 느끼는 동남아시아, 서아시아, 아프리카, 중남미 등 제3세계의 요리를 일본인들은 에스닉 요리라고 생각하면서 이것이 일반화되었다. 당연히 한국이나 중국요리는 여기에 포함되지 않는다.

참고문헌

구난숙 · 권순자 · 이경애 · 이선영. 세계속의 음식문화. 교문사, 2001
구성자 · 김희선. 새롭게 쓴 세계의 음식문화. 교문사, 2005
김경미 · 김경임 · 김상연 · 안선정. 푸드스타일링. 교학사, 2005
김경미 · 김경임 · 유현석. 색채와 푸드스타일링. 교학사, 2006
김윤태. 지구촌 음식문화. 대왕사, 2006
김태정 · 손주영 · 김대성, 음식으로 본 동양문화, 대한교과서, 1999.
김혜영 · 조은자 · 한영숙 · 김지영 · 표영희. 문화와 식생활. 효일, 2004
김희섭 외 5인. 세계요리문화산책. 대가, 2005
동아시아식생활학회연구회. 세계의 음식문화. 광문각, 2001
박금순 · 한재숙 · 정외숙 · 박어진. 세계의 음식문화. 효일, 2004
박춘란. 식생활 문화. 효일, 2002
성태종 외 8인. 음식문화비교론. 대왕사, 2006
아니 위베르 · 클레르 부알로. 미식. 창해, 2000
원융희. 세계의 음식이야기. 백산출판사, 2003
日本フードスペシャリスト協會 編. フード コ?ディネ?ト. 建帛社, 1999
日本フードスペシャリスト協會 編. フード スペシャリスト. 建帛社, 1999
임영상 · 최영수 · 노명환. 음식으로 본 서양문화. 대한교과서, 2003
장 앙텔므 브리야사바랭. 미식예찬. 르네상스, 2004
조은정. 테이블 코디네이션. 국제, 2005
최지아 · 김경임 · 안선정 · 김경미. 테이블스타일링. 형설출판사, 2005
한복진. 우리생활 100년 · 음식. 현암사, 2001
A. Benson, L. Grimes and Oi Cheepchaiissara. The Food of thailand. Murdoch Books, 2007
Antonio G. Gardoni. Food By Design. Booth-Clibborn, 2002
Claire Catterall. Food: Design and Culture. Laurence King, 1999
Culinary Institute of America. The Professional Chef. Wiley, 2001
H. L. Cracknell and Escoffier. The Complete Guide to the Art of Modern Cookery. Wiley, 1983
J. Lowe, A. Benson, P. Wickramasinghe and C. S. Rajah. The Food of India, Murdoch Books, 2007
Jeni Wright. The pasta bible. Hermes house, 2003
Reader's digest. Food that farm, Food that heal. Reader's digest, 2004
S. Morris and D. Hsiung. The Chinese and Asian kitchen bible, Hermes house, 2003
William W. Wang. Chinese foods. China international press, 2004
Yasa Boga. Indonesian desserts. Marshall cavendish, 2008

CHAPTER 04

푸드코디네이터의 활동분야

04

FOOD COORDINATION

1. 조리분야에서의 푸드코디네이션
2. 레스토랑 프로듀서에서의 푸드코디네이션
3. 지면에서의 푸드코디네이션
4. 동영상에서의 푸드코디네이션
5. 테이블에서의 푸드코디네이션
6. 전시에서의 푸드코디네이션
7. VMD에서의 푸드코디네이션
8. 푸드 MD와 푸드코디네이션
9. 파티에서의 푸드코디네이션
10. 푸드라이팅에서의 푸드코디네이션
11. 음료에서의 푸드코디네이션
12. 푸드패키지에서의 푸드코디네이션
13. 아동요리와 푸드코디네이션
14. 교육현장에서의 푸드코디네이션

1. 조리분야에서의 푸드코디네이션

1) 호텔 및 외식 조리

푸드스타일링foodstyling이라는 개념 자체가 조리에 근원을 두고 출발했기 때문에 외국의 경우 푸드스타일리스트가 조리사인 경우가 많다. 푸드스타일리스트는 조리를 바탕으로 창조적인 활동을 해나가야 하며, 조리사도 고객의 니즈에 맞게 푸드스타일링이 가미된 요리를 담아낼 줄 알아야 하는 시대가 되었다. 성공적인 푸드코디네이션을 위해서는 한식 · 양식 · 중식 · 일식 · 제과 · 제빵 · 소믈리에 · 바리스타 등에 관련된 이론 및 각종 조리기술을 습득하고 연마해야 하며, 특정 분야에 대해서는 전문가가 되어야 한다. 학원이나 학교에서 조리 · 와인 · 커피 및 푸드스타일링에 관한 기초 지식과 실기를 익히고, 한식 · 양식 · 중식 · 일식 등에 관련된 외식업체나 호텔의 주방으로 진출하여 일정기간 실무경력을 쌓아야 한다. 이때 여러 영역을 골고루 경험하는 경우와 한 분야에 오래 근무하게 되는 경우가 있지만, 각각은 장단점이 있다. 개인의 숙련도와 능력에 따라 단점을 장점화할 수도 있고, 오히려 그 반대의 경우가 될 수도 있다. 5년에서 10년 정도 호텔이나 외식업체에서 경력을 쌓은 뒤에는 자신의 적성이나 시대의 유행 흐름 그리고 비전에 따라 변화를 추구할 수 있다.

- 전문 조리인 – star chef, 달인
- 푸드스타일리스트나 푸드코디네이터 – 조리 기능 필수 함양
- 식食전문경영인 – owner chef

향후 인력수요가 증가할 것으로 예상되는 푸드스타일링 영역에 도전해 보고자 한다면 조리, 와인, 커피, 디자인론, 색채론, 푸드스타일링 기법 등을 대학에서 배우고 조리기술 영역에 진출하여 경력을 쌓은 후, 푸드스타일리스트food stylist나 푸드코디네이터food coordinator가 되는 것이 바람직하다.

2) 요리 연구

푸드스타일리스트가 한참 유행하던 때에 '요리연구가'의 직함이 '푸드스타일리스트'라는 명칭으로 많이 바뀌었다가 최근 들어서는 다시 요리연구가와 푸드스타일리스트로 구분되어 활동을 하는 것을 볼 수 있다. 과거에는 요리학원이나 호텔 조리사를 중심으로 요리에 대한 연구가 진행되어 왔으나, 지금은 푸드스타일리스트의 스튜디오나 요리연구가의 요리연구소에서 음식 및 메뉴에 대한 연구가 활발히 진행되고 있다. 잡지나 요리책, 레시피 개발 등을 통해 끊임없이 푸드코디네이터는 요리를 연구해야 한다. 왜냐하면 푸드스타일리스트나 푸드코디네이터의 활동은 꾸미거나 연출하는 것과 더불어 가장 기본이 되는 조리기술이 바탕이 되어야 하기 때문이다. 결국 푸드코디네이션이라는 큰 범주 안에 요리연구가 포함되며, 푸드코디네이터의 다양한 활동을 위해서는 음식 및 요리에 대한 이론과 숙련된 기술이 기초가 되어야 한다.

3) 메뉴개발자

메뉴개발자로서의 푸드코디네이터는 먼저 콘셉트를 잘 이해하고 그 콘셉트에 맞는 메뉴선정 및 원가, 주방 설계 등 타깃target 층을 고려하여 메뉴를 개발하는 것을 원칙으로 한다. 푸드코디네이터는 많은 연구를 해야 하며 이에 적합한 기능을 보유해야 한다.

메뉴플래닝이란 메뉴 기본 개념을 확정하고 기본 계획을 세우는 것이다. 푸드코디네이터로서 메뉴플래닝을 하게 되는 분야는 비단 레스토랑뿐만 아니라, 브랜드의 완전조리 식품과 반조리 식품 등 여러 가지이다. 따라서 메뉴플래닝을 하기 위해서는 각 프로젝트별 콘셉트를 잘 이해하고, 기획한 후 메뉴를 개발하는 것이 중요하다.

메뉴 개발의 과정은 다음과 같다.

(1) 메뉴 콘셉트의 선정

메뉴플래닝에서 만일 메뉴가 레스토랑의 상품일 경우에는 전체 레스토랑의 콘셉트를 기본으로 하여야 하고, 만일 개발하려는 메뉴가 기업이 가지고 있는 라인의 브랜드 신상품이라면 그 브랜드와 라인의 콘셉트를 놓치지 않도록 유의해야 한다. 그러나 이 모든 경우는 전체 콘셉트를 기본으로 하나 동일한 개념은 아니므로, 전체 콘셉트의 범주에서 벗어나지 않으면서 메뉴 자체만의 콘셉트를 선정하는 것이 필요하다.

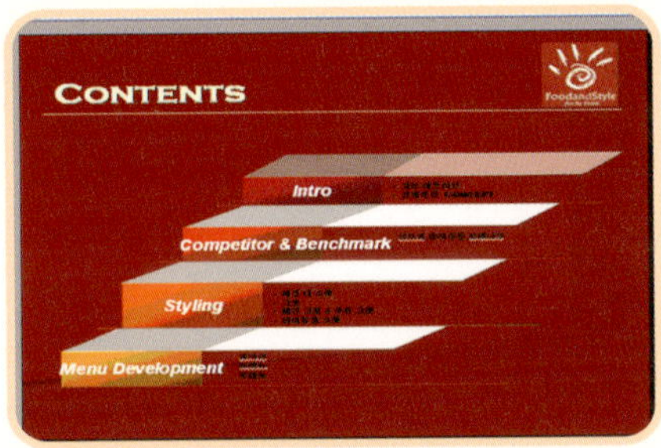

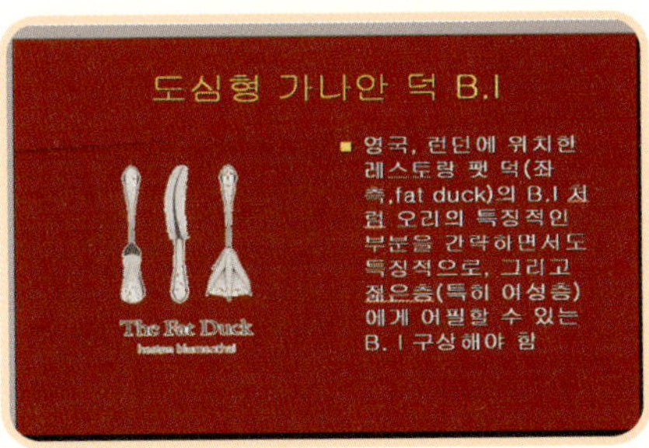

앞의 기획서는 실제 추진했던 메뉴개발 프로젝트로 일부분을 발췌한 것이다.

(2) 메뉴 기획

콘셉트가 정해졌다면, 아이디어를 구체적으로 기획하여 기획서를 작성한다. 레스토랑일 경우에는 메뉴의 형식이 중요한데, 고정메뉴 · 시즌메뉴 · 시장지향메뉴

FoodandStyle
Art By Hand

가나안덕 메뉴제안

A La Carte

1) Rice Paper Rolled Smoked Duck & Asian Flavored Sauce
2) Smoked Duck& Shrimp With Green Salad And Japanese wow Dressing
3) Smoked Duck & Potato Roesti And Cheese
4) Smoked Duck With Caesar Salad And Cherry Tomato Confit
5) Chun-Jang Marinade Duckling Brest With Salad
6) Herb Marinade Duck With Sprout And Orange Sauce
7) California Rolled With Smoked Duck And Tobi-u-ko Mustard Sauce

Broiled Menu

1) Original 가나안덕
2) Herb& Garlic Flavored 가나안덕
3) Bulgogi Style 가나안덕
   a. Tropical Sauce
   b. Thai Chili Sauce
   c. Chili & Garlic Sauce
   d. Bulgogi Sauce
   e. Teriyaki Sauce

Welcome Menu

1) Live-Station을 만들어서 손님이 앉음과 동시에 각각 1인분씩 조리하여 나간다. 소스는 소금, 후추, 고추기름, 술 등을 사용하고 야채도 함께 볶아서 서브한다.
2) 들깨(or 흑임자)즙 수제비를 서브한다.
   * Live-Station을 몽골리안 바비큐 스타일로 만들어서 고객이 원하는 취향에 맞는 야채와 소스로 즉석 조리해 주는 공간을 만들었으면 합니다.

등을 결정하고, 메뉴 편성이 적절한지 판단한다. 또한 영업시간대에 따라 메뉴를 변화시킬지를 결정하고 메뉴의 수를 결정한다. 그에 따른 주방의 동선, 설비 등 의 배치를 유의해야 한다.

앞의 '가나안덕 메뉴제안'은 의뢰인client에게 제시된 메뉴 리스트 중의 일부분으로, 이처럼 콘셉트에 맞는 메뉴제안이 필요하며 원가와 주방에 맞게 구성되어야 한다.

(3) 메뉴 개발

기존 메뉴들의 자료조사와 분석을 통해 일반적인 큰 틀을 잡은 후, 메뉴를 개발한다. 메뉴를 개발할 때는 원하는 메뉴의 수보다 2배에서 3배 정도 많은 수의 메뉴를 개발하는 것이 좋다. 그러나 메뉴의 종류가 많아 그것이 어렵다면 약 20~30% 정도 더 많게 메뉴를 개발해 놓는다.

메뉴 개발 사진

(4) 메뉴 원가계산Cost accounting

원가가 고려되지 않은 메뉴라면 제아무리 맛있는 메뉴라도 의미가 없다. 그만큼 원가에 맞는 재료선정과 그 재료로 만들어진 맛있고 보기 좋은 음식구성이 메뉴개발자의 역할이자 소임이다. 원가계산표는 요리 개발 중에 작성되어야 하며 1g 단위로 산출하여 정확하게 계산되어야 한다.

메뉴 표준원가계산표

작성년월일	2013년 1월 25일				
메뉴명	재료종류	직접재료비			
		단위 가격	사용량		표준원가
Duck Teriyaki	생오리	2142	3kg(300g)	700g	5000
	데리야끼소스	405	5컵(1/2컵)	1컵	810
	홍피망	300	1/2개	100g	4,074
	청피망	250	1/2개	10kg	38,000
	감자	170	1/2개	1kg	2,200
	양파	25	1/2개	1kg	2,520
	돼지호박	108	1/3개	10kg	7,700
	통마늘	3	1개	1kg	1,250
	다진마늘	12	2작은술	1kg	1,250
	생강즙	48	1큰술	1kg	4,500
	화이트와인	120	2큰술	4L	16,700
	파인애플간것	108	4큰술	4k	7,500
	새송이	67	1/2개	1kg	4500
	메뉴원가	3,758			96,004

메뉴 표준원가계산표

(5) 메뉴 시식

개발한 메뉴에 대해 일차적으로 관능적 검사를 실시하고, 상품에 따라 필요한 테이스팅tasting을 한다. 이를 통해 필요한 메뉴와 불필요한 메뉴를 결정한다.

다음 표는 메뉴 시식평가서로 의뢰인이 선정한 메뉴를 맛, 모양, 색상, 양념 정도 등으로 상세히 나눠 고객층target에 맞는 패널panel그룹과 의뢰인을 대상으로 실시할 냉정하고 객관적인 평가자료로 반드시 진행되어야만 하는 과정이다. 이처럼 메뉴개발자는 다양한 의견들을 수렴하여 메뉴개발을 위한 자료로 사용한다. 1차 시식에서 선정된 메뉴는 또다시 연구 개발되어 2차 시식을 통해 의뢰인에게 평가를 받음으로써 최상의 메뉴를 개발해야 한다.

메뉴 시식 평가서

1차 시식 평가서

구분	색상	조직감	조미정도	맛	모양
탕류 A					
우거지 들깨탕					
오리 한방탕					
밥류					
검정깨영양밥					
솔입영양밥					
Chilli Garlic Sauce					
Bulgogi Style 가나안덕					
Herb & Garlic Flavored					
Duck Teriyaki & grilled vegetable					
Smoked Duck & Hash Potato					
Rice Paper Rolled Smoked Duck & Asian Flavored Sauce					

시식 평가서

(6) 표준화된 레시피 작성standard recipe

메뉴를 상품화하는 데 가장 중요한 작업은 레시피 작업이다. 레시피 작업을 할 때에는 양의 표준화와 정량화가 되어 있어야 한다. 레시피 작성 중 표현이 대략적이고 애매모호한 것은 피하도록 한다. 사진 촬영 시 너무 디자인과 분위기만을 의식해 기본 목적을 잃지 않도록 유의한다. 선정된 메뉴는 여러 번의 실험조리를 통하여 표준화된 조리법으로 발전시켜야 한다. 다음 조리법은 표준화되기 전 단계의 과정으로, 이보다 더 상세하고 기술적으로 만들어져야만 맛 전수 시 용이하다

FoodandStyle Art By Hand

Menu Development Recipe

Date	2012. 1
메뉴명	Smoked Duck & Hash Potato

사용 조리기구
• 도마, 칼, 냄비 • 팬, 집게, 계량컵/스푼 • 강판, 볼, 그레이터
조리시간 20분(소스 제외)
주의점

재료	• 훈제오리 300g, 해시브라운 포테이토 3개, 모짜렐라 치즈 20g, 그루이어 치즈 20g 발사믹 식초 1/2컵, 소금, 백후추, 식용유 약간 • 볶음 야채 – 양파 1/2개, 청/홍피망 1/3개씩, 숙주 30g, 다진 마늘 1큰술, 간장 1작은술, 정종 1작은술, 고추기름 1/2작은술, 굴소스 1/2작은술 • 우스터 계피 소스 – 우스터 소스 8큰술, 꿀 1큰술, 식초 1큰술, 계피가루 약간
조리방법	만드는 법 1. 모짜렐라 치즈와 그루이어 치즈는 그레이터에 간다. 2. 훈제 오리는 손질해 팬에 한번 지져 색을 내고 3x5cm로 얇게 편으로 썬다. 3. 양파, 청/홍피망은 채 썰고 숙주는 손질하여 팬에 기름을 두르고 마늘을 볶아 향을 낸 다음 분량의 양념과 야채를 넣고 센불에서 재빨리 볶아낸다. 4. 해시 브라운 포테이토는 기름에 노릇해질 때까지 튀긴다. 5. 철판에 썬 훈제오리를 돌려 담고 볶은 야채를 중앙에 깐 뒤 튀긴 해시포테이토를 얹는다. 6. ⑤에 갈아놓은 치즈를 고루 뿌린 후 살라만다에 넣어 녹을 때까지 익힌다. 7. 치즈가 녹으면 다시 가스불에 얹어 뜨겁게 익힌 후 발사믹 식초는 팬에 1/2로 졸여 사선으로 뿌려 장식한다. 8. 철판에 조리한 요리와 우스터 소스를 곁들여 낸다.

(7) 주방도면

아래 그림은 주방의 평면도면으로, 의뢰인이 선정한 메뉴를 가지고 기술적으로 주방집기 및 기물선정, 동선, 효율적인 관리 등을 고려해야 한다.

이때 메뉴개발자는 메뉴의 종류를 잘 파악하고 있으므로 시뮬레이션simulation해 보고 실제 적용해 본다.

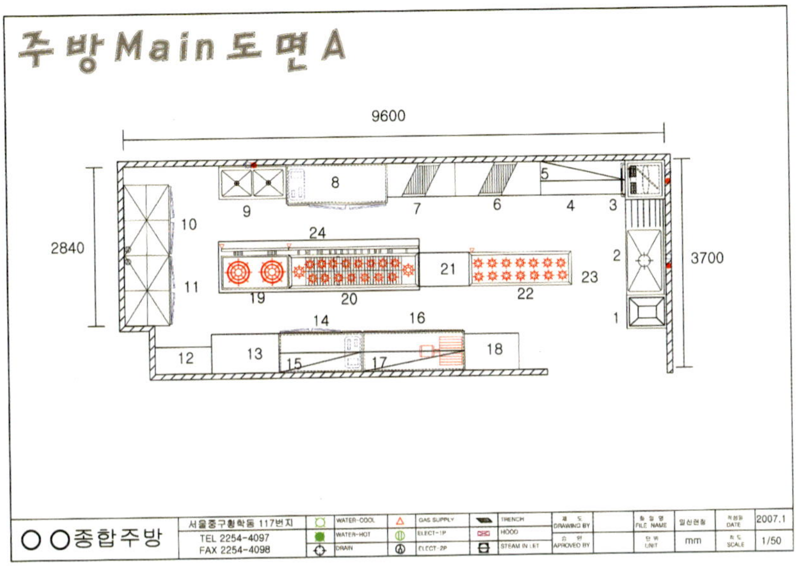

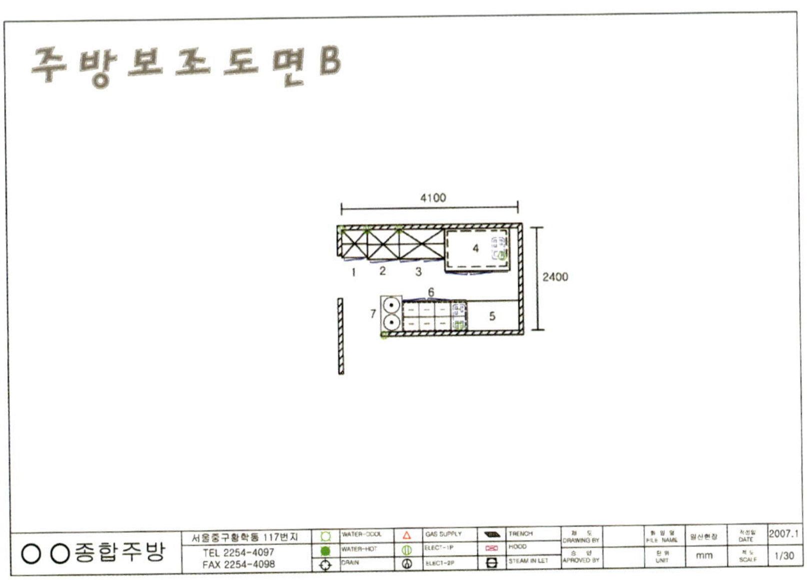

주방 메인도면과 보조도면

4) 푸드디자인

(1) 디자인의 구성요소

① 점

점은 형태가 생성되는 과정에서 가장 단순한 요소로 조형의 출발점이다. 점은 크기가 일정하지 않지만 위치를 나타낸다. 또한 점은 크기가 있어 형태를 가진다. 점이 반복되면 선이 되고 커지면 면이 되지만, 작으면 점으로 지각된다. 점은 긴장과 주의력을 갖게 한다.

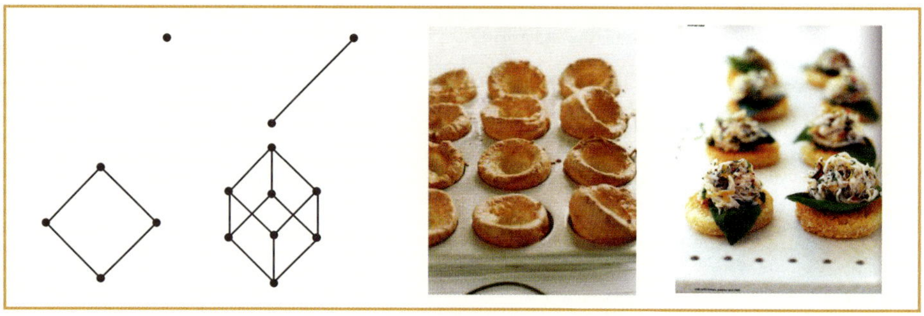

점

② 선

선은 하나의 움직이는 점이다. 선은 넓이와 두께는 없으나 길이와 위치, 방향이 있다. 선의 폭은 점의 크기와 마찬가지로 면과의 관계로 나타난다. 선은 속도감,

선

강약, 방향 등을 나타낸다. 굵은 선은 힘차고 둔하며 가는 선은 날카롭고 스피드감이 느껴진다. 곡선은 여성적이고 우아하며 유연한 느낌을 나타낸다.

③ 면

면은 점의 확대, 선의 이동, 선의 폭이 확대되어 형성된 것으로 여러 개의 선이 모여 생성된다. 면은 개념적으로 2차원의 영역에서 길이와 넓이를 갖고 있다. 평면적인 이미지로 음식에서는 접시형태나 요리의 덩어리 감으로 표현되며 자유 또는 무게감을 표현한다.

면

④ 입체

입체는 면의 단순이동 또는 회전이동에 따라 형성되며, 공간 중에 위치하고 구, 원기둥, 뿔 등의 입방체가 있다. 입체는 점, 선, 면보다 명백하고 다양한 특징을 갖는다. 종류에 따라 다른 이미지로 표현되며 서양요리의 담음새에서 많이 활용되고 그 특성에 맞게 활용할 수 있다.

입체

(2) 접시 형태에 따른 푸드 디자인

원형, 사각형, 삼각형, 타원형, 마름모형, 유기적인 형태 등 다양한 접시 형태는 음식을 담거나 디자인할 때 중요한 역할을 한다. 이러한 접시 형태는 요리의 담음새와 형태를 바라보는 사람에게 다양한 이미지를 제공한다.

원형 접시

① 원형

가장 기본이 되는 접시 형태로 원만함, 부드러움, 편안함, 고전적인 이미지를 가지고 있다. 일반적으로 가장 많이 사용되는 접시로 원만함, 친밀감으로 인해 지루한 느낌을 가질 수도 있다. 따라서 림rim부분의 색상과 패턴을 이용하여 다양한 이미지 변화를 주는 것이 좋다. 색, 요리의 종류, 담는 방식 등에 따라 고급스럽고 안정된 이미지를 연출할 수 있다.

사각형 접시

② (직)사각형

현대적이고 모던함을 연출할 때 주로 사용된다. 각진 형태 때문에 안정감을 가지면서도 편안함을 주는 동시에 세련됨과 개성이 강한 이미지를 표현할 때 사용된다. 원형 다음으로 많이 사용되는 접시 형태이기 때문에 친밀감과 익숙한 느낌이 연출되며 변화를 쉽게 연출할 수 있다.

삼각형 접시

③ 삼각형

이등변삼각형이나 피라미드형, 정삼각형은 전통적으로 많이 사용되는 형태 중 하나이다. 안정적이고 편안한 느낌을 줄 수 있으며 빠른 움직임, 날카로움, 변화의 느낌을 줄 수 있다. 코믹한 분위기의 요리, 자유롭고 재미있는 이미지의 요리에 사용할 수 있다.

④ 타원형

원의 변형으로 우아함과 원만함, 여성스러운 느낌을 지니고 있으며 따뜻하고 포근한 이미지를 줄 수 있다. 좌우의 비율을 변화시켜 섬세함과 신비성을 표현한다. 가장 변화를 주기 쉬운 식기의 형태를 지니고 있기 때문에 다양한 이미지를 연출할 수 있다.

타원형 접시

⑤ 평행사변형 또는 마름모형

사각형의 변형으로 되어 있으며 속도감, 재미, 감각적인 느낌을 지니고 있다. 평면으로 보이기도 하지만 동시에 입체감을 느낄 수 있으며 쉽게 이미지가 변해 움직임과 속도감을 느낄 수 있다.

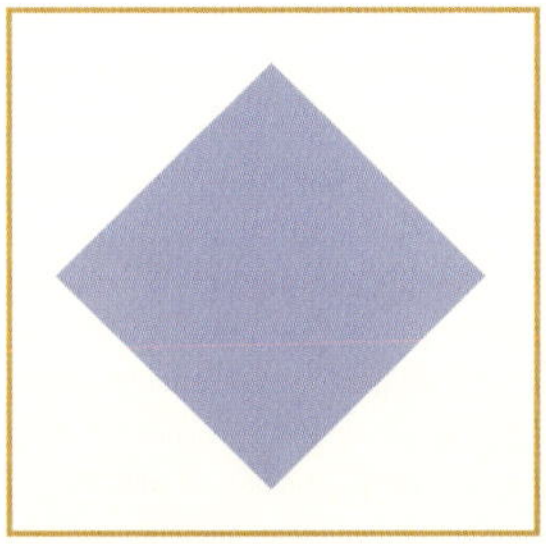

마름모형 접시

평행사변형 접시

⑥ 유기적인 형태

유기적인 형태는 자연에서 쉽게 찾아볼 수 있는 형태로 인위적으로 만든 직선이나 직각 형태가 아니라 부드러운 곡선으로 만들어진 것이다. 화려하고 부드러운 형태로서 최근 들어 건축, 의류, 제품 등 모든 분야의 디자인에 적용되고 있다.

유기적인 형태

2. 레스토랑 프로듀서에서의 푸드코디네이션

레스토랑 컨설턴트consultant 또는 레스토랑 프로듀서producer라고도 하며 기획에서부터 마케팅, 메뉴개발, 인테리어디자인, 매뉴얼작업, 교육, 유통 및 물류, 기물선정, 식과 관련된 모든 상황을 레스토랑 오픈 전후로 의뢰인client이 원하는 선까지 역할을 수행하는 것이 레스토랑 프로듀서의 역할이다. 레스토랑 코디네이터로 활동하려면 관련 지식과 분석능력, 경험 등이 풍부해야 한다.

푸드코디네이션의 관련 분야 중에서 가장 종합적인 성격을 띠고 있는 레스토랑 분야는 食에 대한 직접적 관련보다, 食의 효과를 극대화하기 위한 도구인 식공간적인 측면과 비즈니스로서의 이윤창출을 위한 마케팅적 측면을 더욱 집중적으로 공략해야 하는 작업이라 하겠다. 또한 레스토랑이라는 주제 안에는 食과 연계될 수 있는 거의 모든 요소가 유기적 관계를 이루고 있어, 레스토랑 분야는 食에 의해 파생이 가능한 모든 영역의 일을 최대한 관장하고 코디네이트해야 하는 매우 큰 범위의 일이다.

레스토랑의 예

1) 레스토랑과 푸드코디네이션의 위치

레스토랑restaurant에 투입되는 푸드코디네이터들이 하는 일은 크게 2가지로 구분된다. 첫째는 PMproject manager으로, 레스토랑의 입지 선정부터 개점까지 모든 것을 코디네이트하는 것이다. 보통 우리나라에서는 짧게는 3개월에서 길게는 6개월 정도의 기간을 거쳐 하나의 프로젝트를 끝내게 된다. 둘째는 전체 과정 중 일부분만을 계약해 그 분야의 일만 단기적으로 코디네이트하는 것이다. 주로 메뉴에 관련되는 일이거나, 식기에 관련되는 일이 푸드코디네이트에게 주어진다. 이렇게 하나의 레스토랑을 그 콘셉트부터 운영 매뉴얼까지 잡아주는 푸드코디네이터의 영역을 레스토랑 프로듀서 또는 레스토랑 컨설턴트로 부른다.

푸드코디네이터로서의 레스토랑 컨설턴트는 오픈 전까지만 레스토랑을 세팅해주는 역할을 담당하지만, 고객과의 계약에 의해 개점후 2~3개월간 운영을 도와주고 전체적인 틀을 잡아주는 매니저 역할을 수행하기도 한다. 이는 다른 전문 매니저를 고용하는 것보다 효과적일 때가 많은데, 레스토랑을 가장 잘 이해하고 있는 사람이 바로 그 레스토랑 프로듀서이기 때문이다.

2) 레스토랑 프로듀싱의 절차

레스토랑은 '시장조사 → 기획서 작성 → 입지선정 → 인테리어와 디자인 선정 → 메뉴개발 → 오퍼레이션 결정 → 매뉴얼화 → 홍보마케팅 전략 → 각종 법률과 인허가 신청 → 교육 → 시범경영 → 문제점 개선 → 오픈'의 순서로 컨설팅하여 프로듀싱producing을 한다.

(1) 시장조사

의뢰를 받았을 때 가장 먼저 착수해야 하는 일이 시장조사이다. 레스토랑은 하나의 상품이고 레스토랑의 주목적은 이윤에 있기 때문에, 어떤 전략을 펴야 할지를 시장조사를 통해 결정한다.

(2) 기획서 작성

좋은 아이디어와 기획안이 있다 해도 기획서에 제대로 표현하지 못한다면 큰 의미가 없다. 따라서 그 핵심 아이디어도 중요하지만, 기획서 작성 요령이 필요하다.

레스토랑 기획서는 대개 프레젠테이션을 고려하여 작성하게 된다. 따라서 기획서의 작성은 크게 두 가지 경향으로 나뉘는데, 첫째는 큰 흐름만을 보여주는 형태, 둘째는 세세한 수치계획까지 보여주는 형태이다. 적정한 정보의 노출 정도를 고려해 가면서 기획서를 작성하는 것도 중요하다.

기획서 작성 기본수칙은 다음과 같다.

첫째, 비주얼을 많이 삽입하라.
둘째, 문장은 간결히 표현하라.
셋째, 프레젠테이션을 이용하라

(3) 입지 선정

입지를 선정할 때에는 매우 신중히 결정해야 한다. 전체적인 일의 흐름도를 보면 다음과 같다.

1단계 : 부동산 및 점포 정보의 수집
2단계 : 후보 점포지의 조사(3~5개)
3단계 : 후보 점포지의 입지 조사 및 분석
4단계 : 후보 점포지의 상권 조사 및 분석
5단계 : 사업 타당성 검토
6단계 : 입지 선정

입지의 유형에는 여러 가지가 있는데, 레스토랑의 기획 의도와 콘셉트에 맞는 입지 유형을 선택하는 것이 가장 중요하다. 무조건 시내 중심가나 역세권 상가를 고집하는 경우가 있는데 이제 그런 시대는 지나갔다. 지금의 소비자들은 스스로 자신의 결정에 따라서 어디든 찾아가는 능동적인 성향으로 변화하였다. 하지만 소비자가 늘 새로운 것에 굶주려 있다는 점을 너무 과신하는 것 또한 안 된다. 소비자의 입맛이야말로 가장 변하기 어려운 보수적인 성격을 지니고 있기 때문이다.

입지의 유형은 7가지로 분류된다 **표 4-1** . 입지에서 상권보다 더 중요한 것은 접근성이다. 이는 상가 중심가가 아닌 변두리라도 접근성이 좋다면 아이템으로 승부할 수 있기 때문이다. 여기서 접근성이란 점포에 고객이 유입되기 쉬운 정도를 말하는 것인데, 입지 유형에 따라서 입지가 중심가가 아니어도 큰 문제는 없으나, 접근성이 떨어졌을 때에는 신중한 검토가 필요하다.

표 4-1 | 입지에 따른 예상 대상고객과 특성

구분	예상 대상 고객	입지 및 고객 특성
오피스	직장인	주말 고객이 취약하다 급여일을 기준으로 매출이 변동한다 점심시간, 저녁시간 등이 피크이다
역세권	교통시설 이용객과 주변 상권	유동인구가 많다 고객층이 다양하다 오피스형적인 특징을 함께한다 가변성이 심하다 고객 체류시간이 짧다
주택가	주변 주택가 거주자 퇴근길 직장인	단골고객을 확보하기 쉽다 가족중심적이다 배달이 용이해야 한다. 주말이나 공휴일이 피크이다 심야시간대 이용이 많다
학교 주변	학생과 젊은층	방학기간에 매출이 변동한다 유행에 민감하다 동료의식이 강하다
번화가	다양한 고객층	시간적 제약이 거의 없다 모든 업종이 가능하다 휴일이나 야간영업이 피크이다 유행에 민감하다
관광지	여행자	성수기와 비수기의 차이가 뚜렷하다.
교외 및 변두리	승용차 이용고객	주차장이 확보되어야 한다. 분위기가 중요하다.

(4) 인테리어와 디자인 선정

환경플래닝이라고도 표현되는 인테리어를 비롯한 디자인 관련 분야는 레스토랑의 이미지를 결정해 주고 아이덴티티identity를 잡아주는 매우 중요한 작업이다. 푸드코디네이터에게는 감각성을 표현하기 위한 좋은 도구이며, 이 작업을 통해 푸드코디네이터는 예술적인 본인의 감각을 발휘할 수 있다. 그러나 역시 예술을 위한 예술이 아닌, 고객의 마음을 끌 수 있는 예술적 감각이 있어야 한다는 제한성은 늘 존재한다. 이러한 환경플래닝은 크게 3가지로 분류된다.

첫째, 지역 결정 계획zoning : 점포의 구역을 확정한다.
둘째, 매장 이미지 : 매장의 기본 이미지, 디자인 스타일을 설정한다.
셋째, 인테리어 이미지 : 의자, 테이블, 장식 등의 이미지를 비주얼로 표현한다.

환경플래닝과 밀접한 관련이 있는 그래픽디자인 부분에서 레스토랑에 가장 중요한 것은 SIshop identity를 설정하는 일이다. 이러한 SI는 크게 3가지로 나뉜다.

첫째, 네이밍 플랜naming plan : 점포 명칭을 정하고 그 배경을 명확히 한다.
둘째, 로고 스타일logo style : 로고 디자인을 비주얼로 표현한다.
셋째, 애플리케이션 툴application tools : 점포에서 사용하는 디자인 툴의 리스트와 디자인 이미지를 말한다.

특히 애플리케이션 툴은 냅킨부터 식기에 새겨지는 로고까지 레스토랑 내에 여러 가지 물품이나 상품들에 적용되기 때문에, 푸드코디네이터가 작은 부분까지도 세심하게 놓치지 말아야 할 작업이다.

레스토랑과 인테리어

(5) 메뉴 개발

레스토랑 프로듀서로서의 메뉴 개발 시 고려사항으로는 주방장과의 화합이 가장 중요하고, 레스토랑 자체의 콘셉트에 맞는 메뉴를 한정하는 일, 타깃에 맞는 메뉴를 선정하는 일 등과 같이 요리사들이 요리에 집중하다 놓치기 쉬운 비즈니스적인 면을 놓치지 않고 관리해야 한다. 또한 마케팅 전략에 근거하여 전략 상품을 제안하는 일도 매우 중요하다.

(6) 오퍼레이션 결정

오퍼레이션operation은 매뉴얼화된 각 부분들이 가장 효율적으로 실현되기 위한 작업 방법과 순서를 계획하는 것을 말한다. 여러 오퍼레이션 중에 레스토랑에서 가장 중요한 것은 주방에서의 오퍼레이션이다. 주방의 오퍼레이션에 대한 작업을 할 때에는 먼저 조리 공정을 분해하여 그에 맞게 오퍼레이션을 정하는 것이 좋다. 레스토랑의 콘셉트와, 주방장의 스타일에 따라 공정의 순서가 달라질 수 있다. 각 상황에 맞는 공정의 순서를 정하는 것이 좋은데, 그로 인해 주방의 구조가 결정되고 오퍼레이션의 양이 배당되며 주문형식이 바뀌게 된다. 또한 원가에 변화가 있는지 항상 체크하도록 한다.

(7) 매뉴얼화

매뉴얼화는 레시피는 물론 레스토랑 각 부분에 모두 필요한 작업이다. 때문에 굉장히 복잡하고 양이 많아 한꺼번에 하기보다는 일이 진행될 때마다 진행된 부분을 매뉴얼화하는 것이 수월하다. 매뉴얼은 모든 운영 표현방법을 말하는 것으로 점포의 이념과 기준을 문서화한 것이다. 구성원들에게 항상 같은 음식과 서비스를 제공하고, 레스토랑에서 언제나 같은 상품을 얻을 수 있다는 기준점을 구체적이고 명확히 제시해 주는 도구이다. 또한 아직 숙련되지 못한 구성원을 교육시키는 중요한 자료이기도 하며, 구성원들의 표준화를 이룰 수 있는 지표이기도 하다. 매뉴얼을 적용할 때에는 단순히 나누어주기만 하면 안 되고, 사전에 설명과 실전 트레이닝을 통한 교육이 이루어져야 한다. 이에 따라 비숙련자들은 매니저나 회사에 대한 안정감을 갖게 되고, 신입에게 있을 수 있는 고통과 불안을 견디는 힘이 될 수 있다.

매뉴얼을 적용할 때에는 일의 난이도에 따라 분리하여 초급 · 중급 · 고급으로 나누어 적용하는 것이 좋다. 각 단계별 목표를 제시해 주는 것이 효과적인데, 예를 들면 아래와 같다.

각 단계별 목표

초급의 목표 : 하루라도 빨리 프로로

중급의 목표 : 작업은 문제없고, 초급의 멘토로

고급의 목표 : 점장의 대행이 가능한 레벨로

(8) 홍보 마케팅 전략

홍보와 마케팅 전략은 철저한 계산에 의해서 이루어질 때 그 효과가 나타난다. 홍보와 마케팅 전략은 늘 레스토랑의 주 고객에 대해 바르게 파악하고 콘셉트를 충분히 인지한 후 수립할 필요가 있다.

(9) 각종 법률과 인허가 신청

레스토랑을 운영하기 위해서는 정부기관의 허가가 매우 중요한데, 레스토랑의 업태에 따라 관련 법률이 다르고, 입지나 레스토랑의 위치에 따라 다른 법적 기준이 적용된다. 때로는 별다른 어려움 없이 일이 진행되기도 하지만, 종종 인허가 신청에 문제가 생겨 준비가 다 되었음에도 불구하고 오픈을 하지 못해 큰 손실을 보는 경우가 많다. 따라서 이를 꼼꼼하게 놓치지 말고 챙겨야 한다. 특히 연말이나 연초에는 정부기관에 일이 많아 지연되는 경우가 많기 때문에 시간을 넉넉히 잡고 챙겨야 한다. 레스토랑과 관련된 법규들은 대체적으로 자주 바뀌는 편이어서, 매번 프로젝트를 할 때마다 바뀐 법은 없는지 늘 먼저 체크하도록 한다.

(10) 교육

푸드코디네이터에게 레스토랑 프로듀서로서 점포의 점원이나 매니저의 교육은 매우 중요하다. 이러한 역할을 제대로 수행하기 위해서는 그 핵심을 이해하는 것이 필요한데, 그중에서도 점장의 역할을 이해하고 교육하는 것이 매우 중요하다. 점장의 역할은 매우 다면적이다. 따라서 점장의 성향을 파악해 적용하고, 레스토랑의 콘셉트에 맞는 면을 강조하는 교육이 필요하다.

(11) 시범경영 semi open

정식 오픈에 앞서, 길게는 일주일에서 짧게는 2~3일 정도를 시범적으로 운영해 본다. 이를 통해 드러나는 문제들을 다시 개선하는 것이 레스토랑 프로듀서로의 푸드코디네이터가 반드시 해야 할 일이다.

(12) 문제점 개선

시범경영 시 지적되었던 문제점을 되도록 빠른 시간 안에 개선하고, 부족한 부분을 수정 · 보완한다.

(13) 오픈 grand open

이 모든 과정을 다 마친 후 오픈하고 손님을 받아 영업을 개시한다.

전체 프로세스에 문제가 없을 때, 레스토랑 프로듀서로서의 푸드코디네이터의 일은 마무리되는 것이다. 때로는 오픈 후에 업주와의 계약에 의해 2~3개월간 투입되어 매니저로서 레스토랑의 전체 시스템이 자리 잡을 수 있도록 도와주는 일을 담당하기도 하지만, 대체로 점포를 오픈하면 레스토랑 프로듀서로서 푸드코디네이터의 일이 마무리된다.

3. 지면에서의 푸드코디네이션

1) 요리책

푸드스타일리스트는 요리와 음식 스타일링만 연출하는 것이 아니라, 때로는 기획과 함께 편집 업무도 수행해야 하는 경우가 있으므로 요리책 구성 시 필요한 기획안을 만들 수 있는 능력도 함께 길러야 한다. 요리책은 '기획 → 촬영 → 편집 → 디자인 → 인쇄' 의 순서에 의해 제작된다.

(1) 기획planning

요리책 기획 시 가장 중요한 요소는 요리책의 목적과 방향을 분명하게 설정하는 것이다. 출간할 요리책의 목적과 방향이 설정되면 요리책을 어떻게 구성할것인지에 관해 구체적인 기획서를 작성한다. 출판사에서 푸드스타일리스트에게 요리책을 의뢰할 수 있으므로 사전에 기획서 작성방법에 대해서 잘 알아야 한다. 기획서 작성 시 기획서의 목적과 기획방향에 대해 분명히 서술하고, 제작물의 사양과 특이사항, 그리고 전체적으로 요리책에 포함될 내용에 대한 목록을 구체적으로 작성한다.

(2) 촬영

요리책cookbook 촬영은 잡지의 촬영과 크게 다르지는 않으나 잡지보다 촬영 이전에 더욱 철저한 시안작업과 여러 번의 폴라로이드 테스트를 거친 후 본 촬영작업에 들어간다. 한편 요리책의 표지는 전체적인 책의 내용을 대표하는 이미지이므로 신중히 기획하여 맨 나중에 촬영을 진행한다.

완성도 있는 작품을 위해 시안작업은 철저히 준비해야 한다. 그러한 시안을 통해서 요리책의 전체적인 흐름이 일관성 있도록 스타일링할 수 있다. 즉 시안작업 시 요리책의 전체적인 주제와 콘셉트에 맞춰 이미지와 레이아웃이 훌륭한 자료들을 활용하여 사진과 이미지를 사전에 구성해 봄으로써 완성도 있는 작품을 창출해 낼 수 있다

폴라로이드 테스트를 통해 전체적인 컬러와 느낌(간지), 이미지를 확인할 수 있으며 이를 통해 전체적인 흐름의 일관성을 유지할 수 있다. 최근에는 디지털 카메라의 출현으로 이러한 작업을 보다 수월하게 수행할 수 있게 되었다.

다음은 '먹고 바르는 컬러푸드' 사진 연출 전에 이루어진 시안들이다. 그림과 같이 2장씩 묶어서 시안작업을 함으로써 오른쪽 페이지와 왼쪽 페이지의 음식, 베다, 그릇, 소품, 전체적인 느낌(간지) 등 연출된 스타일링의 연결성과 다양성을 고려하여 연출할 수 있다. 또한 가운데 접지 부분에 접히는 부분을 고려할 수 있으므로 완성도 있는 작품을 연출할 수 있다.

사진 연출 전 시안작업

폴라로이드 테스트

(3) 편집

촬영 후에는 음식의 레시피에 있는 원고를 정리 및 편집해야 한다. 원고 정리 시 표준 레시피와 표준단위를 사용해야 하며, 식품재료학적 측면과 함께 영양학적 측면을 고려하여 원고를 정리해야 한다.

(4) 디자인

디자이너는 컴퓨터 편집용 프로그램을 이용해 편집을 하고 디자인을 한다. 자료가 출력된 사진이나 필름인 경우 필름 스캐닝을 하게 되는데, 이때 출판용으로 좋은 질을 제공하기 위해서는 주로 드럼 스캔drum scan을 이용한다.

(5) 인쇄

요리책도 잡지와 마찬가지 방식에 의해 인쇄가 이루어진다. 즉 디자인을 마친 후 그 파일을 출력소로 넘겨 CTP 인쇄판이나 필름으로 출력을 한 후 인쇄소로 보내어, 인쇄하고 제본하여 요리책이 완성된다.

도비라

촬영현장에서 사용용어로 요리책이나 잡지 표지같이 메인 페이지에 함축된 이미지를 담은 것으로 표지의 사진이나 이미지 컷을 의미한다.

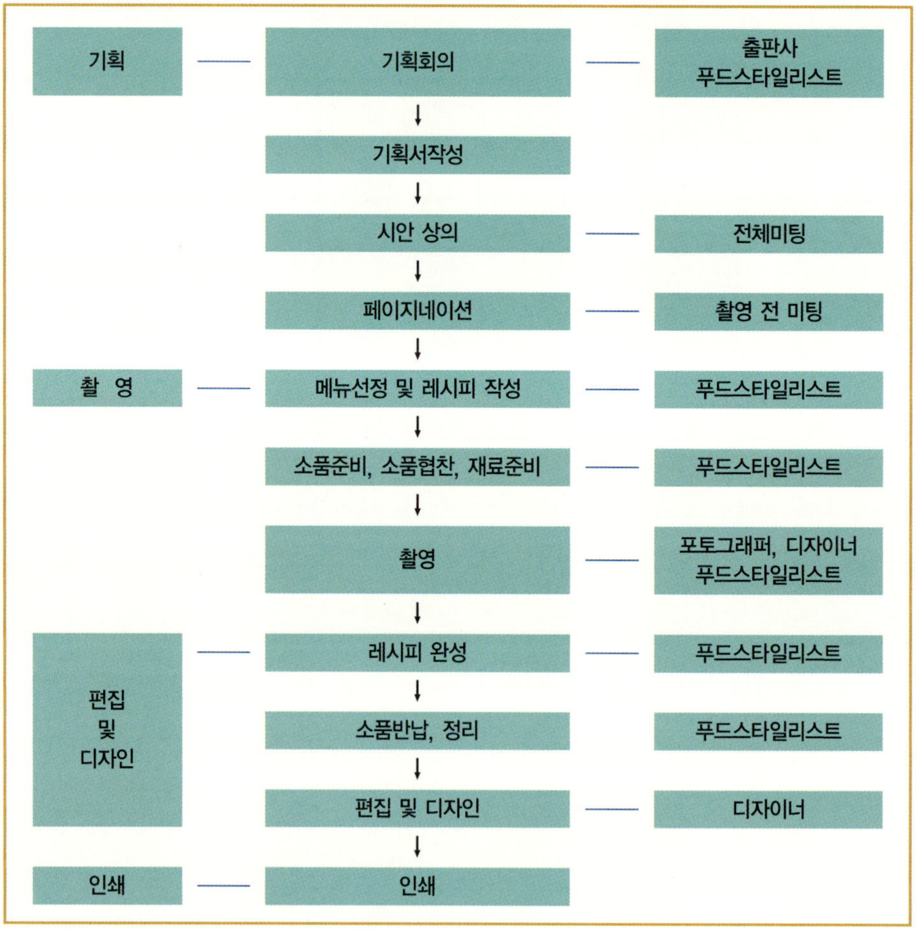

그림 4-1 | 요리책에서의 촬영 진행 순서

2) 잡지

잡지magazine에서 푸드스타일링은 '기획 → 섭외 → 시안상의 → 푸드스타일링 준비 → 촬영 → 편집 및 디자인 → 인쇄'의 순으로 진행된다. 잡지에서 푸드스타일링 시 가장 중요한 요소는 그 잡지가 기획하고자 하는 의도와 방향에 대한 콘셉트를 잘 받아들이고 이해하는 것이므로, 푸드스타일리스트는 담당자들과의 회의와 조율을 거쳐 협력하며 연출할 수 있어야 한다.

(1) 기획

잡지 기획에서 가장 중요한 요소는 잡지에서 다룰 아이템을 결정하는 것이다.

따라서 잡지에서 주로 다루어지는 주제가 무엇인지 알고, 그 주제에 따른 아이템들에 대한 자료를 평상시에 모으고 정리해야 한다. 일반적으로 최근 경향의 신문이나 인터넷자료 및 각종 외국잡지 등의 스크랩 자료를 활용하여 기획 아이템을 준비한다. 한편 당장 쓸 수 없는 아이템이라도 월별 파일을 만들어 추후에 사용될 때를 대비해 두면 편리하다. 일반적으로 잡지에서 주로 다루어지는 주제 또는 아이템은 다음 표와 같다.

아이템(item)	이미지	종 류
조리방법 (cooking method) Cookand 2005		걸쭉하게 끓이기(stewing), 은근하게 끓이기(simmering), 데치기(blanching), 튀김(frying), 굽기(roasting), 찜(steaming) 등
조리방법 (cooking method) Cookand 2005		온도계, 거르는 망, 칼, 계량컵, 계량스푼, 치즈 크레이터필러, 제스터 등
식재료 아이템 (ingredient item)		래디시, 방울토마토, 와인, 치즈, 커피, 파스타 등

아이템(item)	이미지	종 류
트렌드 아이템 (trend item) My Wedding 2004		**그 해 또는 그 시대의 식문화의 추세를 반영한 아이템 :** 건강음식(well-being food), 올리브유(olive oil), 유기농 식품(organic food), 컬러푸드(color food), 민족성 음식(ethnic food) 등
계절 아이템 (season item) Wedding21 2004		**계절을 반영하는 아이템 :** 봄(두릅, 돌나물), 여름(수박화채, 냉면), 가을(송편, 밤, 대추), 겨울(김장, 크리스마스 만찬) 등
식문화 아이템 (food culture item) Haute 2003		**한 국가를 대표하는 음식아이템 :** 태국의 톰얌쿵, 인도의 카레, 멕시코의 또딜라, 이탈리아의 파스타, 한국의 김치와 불고기, 일본의 생선초밥 등
영양학적 아이템 (nutrition item) Wedding21 2004		**영양과 관련된 음식 아이템 :** 블랙푸드(검정콩, 검정두부), 레드푸드(토마토, 석류), 화이트푸드(마늘), 균형식(balanced diet), 건강기능성 식품(스쿠알렌), 스포츠음료(포카리스웨트)
테이블 세팅 (table setting)		**테이블 소품** (클로스, 매트, 컷트러리, 냅킨, 네임카드..), 손님 초대 상차림 등

(2) 섭외

잡지에서 기획하고자 하는 주제가 정해지면 그 주제를 전문적으로 잘 연출할 수 있는 포토그래퍼photographer, 요리연구가, 푸드스타일리스트food stylist, 그래픽 디자이너graphic designer, 필자food writer 등 사전에 필요한 인원을 섭외하여 스케줄을 맞추어 나가는 업무가 진행된다.

(3) 시안 상의

시안試案이란 시험적으로 만든 안을 일컫는다. 정해진 주제를 잡지 칼럼에 어떻게 구성하고 연출할 것인지에 대한 방향이 편집부에서 결정되면, 푸드스타일리스트와 그래픽디자이너, 편집가editor가 함께 참여하여 잡지 칼럼의 시각적인visual 방향과 레이아웃layout을 결정하고 시안을 상의한다. 푸드스타일리스트는 주제에 맞게 연출할 음식 등에 대한 시안 마련을 위해 자신이 갖고 있는 자료들을 시각적 측면에서 정리하여 시안 상의에 임하는 태도를 가져야 한다.

시안 작성

시안은 디자이너나 푸드스타일리스트가 촬영하기 전에 필요한 이미지를 모아 의견을 조율하기 위한 커뮤니케이션의 도구이다. 시안을 통해 촬영에 필요한 소품과 그에 따른 이미지를 연출하기 위해 촬영 전 꼭 필요한 준비사항이다.
실제적으로 시안 상의는 외국잡지로 의사소통communication을 하는 경우가 대부분이므로 잡지를 구독하거나 좋은 시안이 있으면 복사copy 또는 스캔scan 해두어 자료로 활용하기도 한다.

(4) 준비 및 촬영

시안 상의 후 촬영이 이루어지기까지는 2~3일에서 1주일 정도의 준비기간이 푸드스타일리스트에게 주어진다. 담당 기자 또는 에디터와의 효율적인 의사소통communication을 위해 촬영의뢰서와 최종 확정된 콘셉트에 맞는 시안 및 메뉴리스트 등을 서로 주고받으며 촬영준비에 들어간다. 푸드스타일리스트는 촬영에 필요한 소품을 철저하게 준비하고, 소품을 협찬받을 경우에는 공문서 발행과 소품 픽업pick-up과정을 거쳐야 한다. 다음 그림은 촬영의뢰서의 한 예로 푸드스타일리스트는 잡지사에서 보내주는 촬영의뢰서의 도형화 형태로 표현되는 레이아웃을 해석할 수 있어야 한다. 해석방법은 다음의 촬영의뢰서에 설명한 바와 같다. 요리는 1품목당

메뉴리스트

TO : ○○○ 기자님
FROM : ○○○(010-0000-0000)
TEL: 02-597-0000 FAX: 02-597-0000
e-mail: ×××@hanmail.net

menu list

전골요리

1. 해물전골
2. 모둠버섯전골
3. 두부완자전골
4. 어묵전골
5. 야채전골
6. 소고기전골
7. 지리전골
8. 조개전골

이상 8품을 선정해 보았습니다. 그중에서 선택해 보시고 궁금한 사항이 있으면 연락주세요…
좋은 하루 되세요 ^ ^

1품이라고 표현하며 한 페이지에 두 개의 박스와 함께 사선이 그어져 있을 경우 이미지가 2개 들어감을 의미한다. 따라서 다음의 전골요리 촬영 의뢰서는 총 4페이지에 요리가 4품목, 정보가 4컷으로 전체 8개의 이미지가 들어감을 나타낸다. 따라서 푸드스타일리스트는 촬영의뢰서의 전체적인 페이지의 배열과 여백을 고려해서 소품들을 활용하여 음식을 연출해야 한다. 다음의 촬영의뢰서에 맞춰 실제 촬영에 들어간 음식 연출 실례로 그림에 나타난 바와 같다.

• 컬럼명 : 전골요리	• 기사 형식 :	• 쪽수 : 4 page
• 담당기자 : ○○○ 기자	• 푸드스타일리스트: ○○○ 실장님	• 디자인담당: ○○○
• Photo : ○○○	• 촬영장소 : foodandstyle	• 촬영일시 : 12월 16일

Concep t: 전골요리(1꼭지)

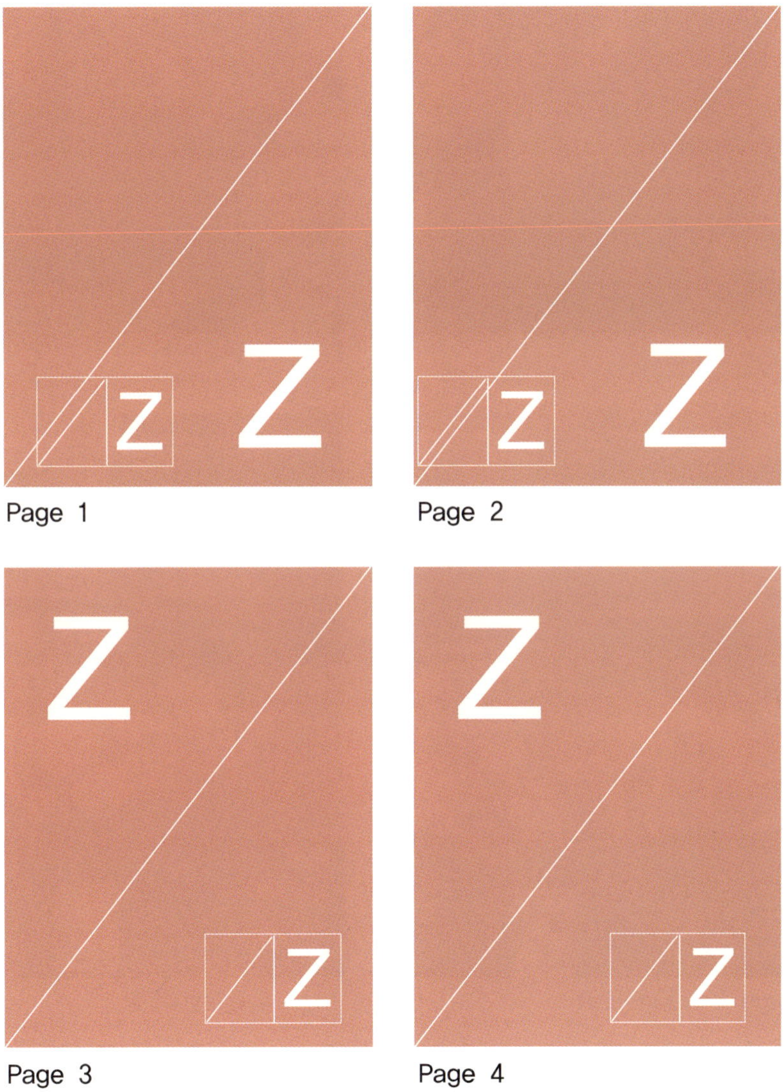

잡지 작업에서 촬영의뢰서

Page 1 해물전골

Page 2 어묵전골

Page 3 모듬버섯전골

Page 4 두부완자전골

Queen 2007 2월호 촬영 의뢰서에 맞춰 연출한 최종작품

(5) 편집 및 디자인

촬영이 진행되는 동안 내용에 따라 레이아웃이 바뀔 수 있으므로, 경우에 따라 편집과 디자인을 다시 한 번 재수정하여 최종적으로 확정한다.

(6) 인쇄

디자인을 마친 후 그 파일을 출력소로 넘겨 출력을 한 후 필름 상태에서 이상이 없으면 그 필름은 인쇄소로 보내지고 인쇄 및 제본이 되어 그 달의 잡지가 완성된다. 최근에는 필름 대신 CTP 인쇄판으로 출력되어 인쇄소로 보내지기도 한다.

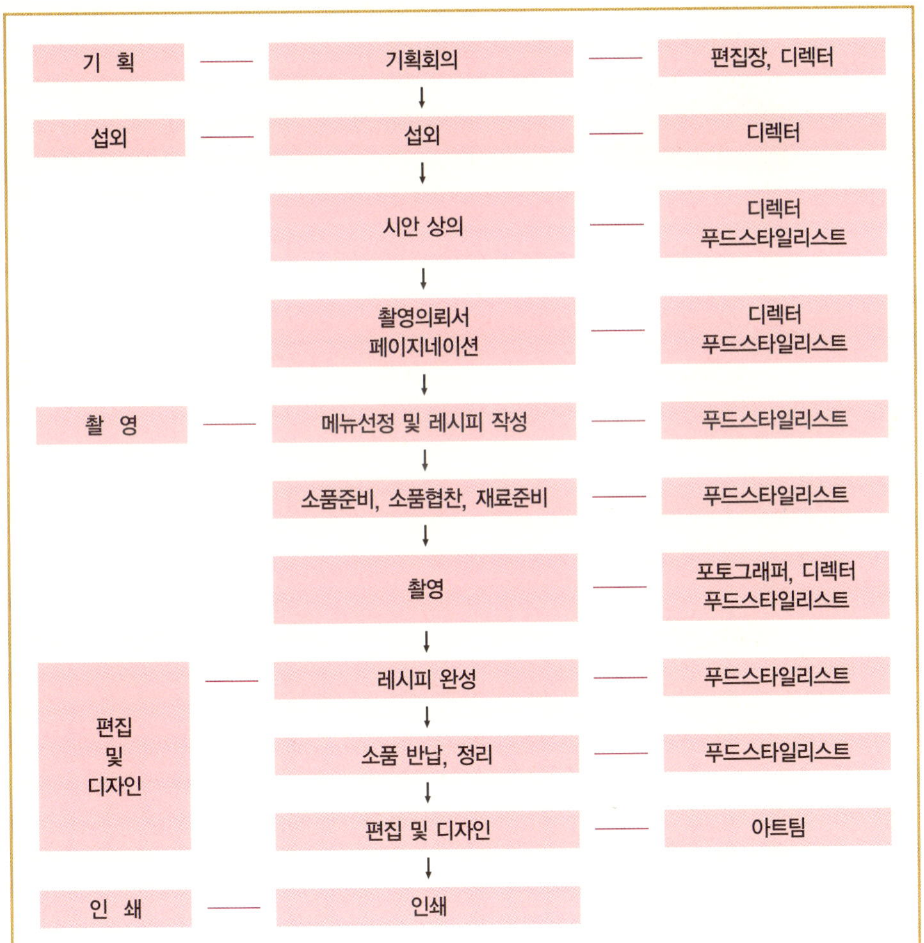

그림 4-2 | 잡지에서의 진행순서

잡 지 명	잡지	출판국	소개
Gourmet traveler		호주	월간지, 요리전문 여행잡지로 다양한 요리와 정보가 실려 있다.
Martha Stewart living		미국	월간지, 토탈코디네이션 생활잡지 Martha Stewart라는 푸드스타일리스트가 발행하는 월간지로서 스타일과 색감이 뛰어나다. baby, kids, cooking, wedding 등 다양한 장르를 포함한다.
Vogue entertaining + Travel		호주	격월간지, 잡지의 구성과 기획 및 스타일링이 뛰어난 요리전문 잡지
Marie clair		호주	요리전문 무크지mook로 시리즈로 나와 있다.
Delicious		호주	월간지, 셰프 중심의 요리가 많은 요리전문 잡지이다.

푸드스타일링에 도움이 되는 국외 잡지

잡 지 명	잡지	출판국	소개
Donna hay		호주	월간지, 요리전문 여행잡지로 다양한 요리와 정보가 실려 있다.
Living at home		독일	월간지, 테이블데코, 리빙, 음식 등이 소개되어 있으며, 색감이 뛰어나다.
decoration		독일	월간지, 테이블데코, 리빙, 토탈데커레이션 잡지
Elle bistro		독일	격월간지, Elle에서 나오는 요리전문잡지, 라이선스지로 나라별로 개정되어 나온다.
Elle a table		일본판	격월간지, 일본판은 1년에 4번 나오며 요리전문 잡지이다.

잡 지 명	잡지	출판국	소개
Real simple		미국	1년에 10번 나오는 합본지로 리빙 위주로 색감이 뛰어나며 트렌드 반영 속도가 빠르다.
스테끼 레시피		일본	월간지, 요리 레시피가 자세하게 소개되고 있으며, 다양하고 오밀조밀한 스타일링을 엿볼 수 있다.
Food and wine		미국	월간지, 요리 중심의 와인 전문지로 정평이 나 있으며, 소믈리에나 푸드라이터들이 많이 보는 잡지이다.
Gourmet		미국	월간지, 미국적 성향이 매우 짙어 내추럴한 요리와 스타일링이 많이 있는 요리전문 잡지이다.
Bon Appetit		독일	격월간지, 유럽풍의 요리와 스타일링이 주로 실려 있는 요리전문 잡지이다.

3) 지면광고

최근 외식업계들의 판매촉진 활동의 수단으로 다양한 매체와 도구들이 활용되고 있는데, 이 중 고객의 구매시점, 즉 외식을 목적으로 하는 고객의 외식업소 선택 시와 외식업소 내부에서 메뉴의 선택에 영향을 미치는 POP 광고Point of purchase advertising가 외식업소에서 활발히 이루어지고 있다. POP 광고란 구매시점 광고로, 소비자와 제품이 같은 장소에 있을 때 소비자의 행동양식에 초점을 맞추는 직접적인 광고를 의미한다. 외식업체에서 주로 사용하는 POP 광고물에는 메뉴북, 포스터, 팸플릿, 카탈로그 등과 같은 인쇄물과 음식모형, 조형광고물 등이 있다. 지면광고는 POP 광고물 중 패키지 광고를 포함한 인쇄물 광고를 포함한다. 푸드스타일리스트는 지면 광고 시 고객의 필요needs에 맞춰 제품의 특성과 이미지를 최대한 살려서 그 제품을 연출해야 한다. 제품 연출 시 인위적으로 과도한 스타일링over food styling을 하는 것은 제품의 질을 오히려 떨어뜨릴 수 있으므로 주의해야 한다.

(1) 패키지 스타일링

패키지 스타일링이란 식품포장지에 들어가는 요리사진을 연출하는 것이다.

예를 들어 해물스테이크나 핫스테이크를 스타일링하여 촬영 후 지면에 넣어 포장용지로 사용하는 것을 말한다. 음식 패키지 촬영 시 가장 중요한 점은 음식이 맛있게 보여야 함은 물론 패키지 안의 적합한 내용물과 요리, 카메라 앵글로 잡았을 때 시각적인 효과를 고려하여 제품의 포커스focus를 어디에 둘 것인지이다.

누끼

패키지 스타일링은 대부분이 누끼로 진행되며, 누끼는 사진에서 원하는 개체만을 오려서 작업할 수 있게 한 것을 말한다. 대체적으로 무채색 배경에 접시를 놓고 촬영하며 접시 안에 색의 조화를 고려한 가니시garnish 스타일링이나 입체감 있게 담아내는 것이 중요하다.

(2) 메뉴판 스타일링

메뉴는 우리말로 차림표 또는 식단이라고 부르며, menu의 어원은 라틴어의 minutus에서 왔다. 메뉴의 개념에 따라 메뉴기획자와 디자이너, 전문 스타일리스트는 메뉴를 기재하는 특정 형태의 제작물을 만들 수 있는데, 메뉴북은 외식업소의 전반적인 운영사항을 알리는 정보제공 역할과 외식업소의 목표, 철학 등을 나타내는 상징물이기도 하다. 따라서 메뉴북의 형태는 크기, 모양, 패널panel에 따라 다양하며 각 업소별 특성에 맞는 디자인 선택을 통해 독창성을 높이고 업소의 이미지를 표현할 수 있도록 스타일링해야 한다.

이미지

패키지 스타일링과 다르게 메뉴판 스타일링은 이미지로 촬영하는 경우가 많다. 업장의 분위기나 타깃층을 고려한 소품과 컬러를 적절히 사용하며 음식과 어우러지게 연출하여 촬영한다.

(3) 포스터 스타일링

포스터poster는 종이에 인쇄되며 시각 전달을 목적으로 하여 하나의 메시지를 전달하는 선전지로 매장의 윈도우나 벽면을 활용하여 제품을 알리는 데 활용된다. 포스터가 일단 게시되면 대중이 그 앞을 지나치면서 한 번만 보아도 바로 이해되고 인식되는 까닭에 대중의 주의를 집중시킬 수 있는 강한 시각적 인상이 요구된다. 따라서 논리적인 설명보다는 감각적이고 인상적인 방법으로 스타일링해야 한다.

시안 1	시안 2	결과물 1	결과물 2

광고촬영의 경우 디자이너가 제시한 시안에 따라 소품과 배경을 준비하여 시안 1처럼 거의 같은 느낌으로 결과물을 만들어 내기도 하며, 때에 따라 시안 2처럼 비슷한 느낌으로 결과물을 만들어 내기도 한다. 시안이 준비되어 있으면 푸드스타일링 작업 시 원활한 작업이 이루어 질 수 있으므로 디자이너 또는 푸드스타일리스트가 시안을 준비하여 촬영에 임하는 것이 좋다.

(4) 카탈로그

상품이나 기업을 소개하기 위해 만든 인쇄물로 목록, 안내서, 또는 요람이라고도 한다. 카탈로그catalog는 처음에 단순히 책명을 늘어놓은 목록으로 유럽에서 나왔는데, 카탈로그는 직접 판매가 발달된 미국에서 DMdirect mail이나 신문에 끼워 넣는 광고와 함께 널리 사용되어 왔다. 오늘날 박람회, 전시회, 요리교실 등에서 이벤트가 많아짐에 따라 각 기업의 판매전략을 위한 도구로서 카탈로그의 매체 가치가 새롭게 인식되고 있다. 이에 따라 용도별로 식품업체, 레스토랑, 슈퍼마켓, 백화점 등 다양한 곳에서 카탈로그를 이용한 기업의 상품과 이미지 마케팅이 활성화되어 있다.

동서식품, A1 스테이크소스 2004

Riedel사의 카탈로그

목우촌 닭고기 카탈로그 2006

(6) 기타

그 외 지면 광고지로 가이드북guide book, 캘린더calendar, 신문, 잡지 등이 있다.

2011 롯데백화점 추석 가이드북

2011 한진택배 설 가이드북

4) 사진과 푸드스타일링 연출도구

사진촬영은 포토그래퍼photographer의 고유 영역이며 푸드스타일리스트가 사진과 조명에 대한 기본 지식을 가지고 있으면 촬영 시 포토그래퍼와의 원활한 소통과 협동으로 작품의 완성도를 높일 수 있다. 포토그래퍼 또한 음식에 대한 기본적인 이해가 필요하다.

푸드스타일링은 섬세한 작업이 요구되기 때문에 촬영을 위해 다양한 도구를 필요로 한다. 도구를 적절히 활용하여 섬세하고 효과적인 연출을 할 수 있으며 보다

빠른 작업을 진행할 수 있도록 도와 준다.

푸드스타일링의 연출도구는 크게 기본도구, 연출도구, 액체도구, 특수도구 등으로 분류할 수 있다.

표 4-2 | 푸드스타일링 연출도구

구분	종류	
기본도구	이동용 가방, 앞치마, 기본배경, 다리미, 분무기	
연출도구	측정도구	계량컵, 계량스푼, 온도측정계, 타이머, 줄자, 자
	조리도구	볼러, 페이스트리 백, 거품기, 고운체, 면보, 스쿱, 모양틀, 몰드
	나이프	작은칼, 작은가위, 제스터, 필러, 버터나이프, 커터나이프, 스패튤러
	미세한 표현용도구	핀셋, 옷핀, 면봉, 실, 바늘, 스포이트, 주사기, 깔때기, 토치램프, 에어브러시, 그릴용 쇠막대, 붓, 낚시줄, 산적꽂이, 면보
액체도구	간장, 식용유, 커피, 캐러멜 색소, 물엿, 베이비오일, 푸드컬러, 젤라틴, 글리세린	
특수도구	인조서리, 인조얼음, 인조 얼음 알갱이, 인조 크리스털 얼음, 인조 거품, 인조 연기, 인조 물방울, 인조 아이스크림, 순간접착제, 특수 접착제, 반사방지용 스프레이	
기 타	펜, 양면테이프, 스카치테이프, 물풀, 집게, 메모지	

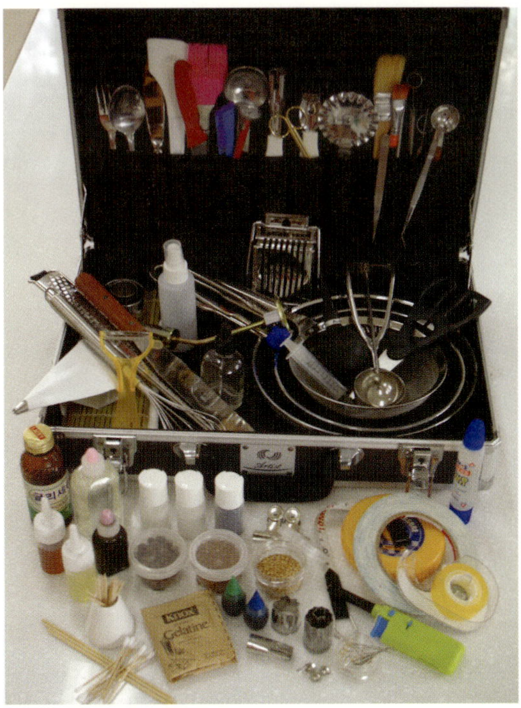

푸드스타일링 도구상자

4. 동영상에서의 푸드코디네이션

1) TV 홈쇼핑

국내의 TV 홈쇼핑home shopping은 1995년 8월 첫 방송을 시작한 뒤부터 1996년 이후 연평균 200%에 가까운 성장세를 지속해 왔으며 현재 6대 홈쇼핑업계가 TV에서 운영되고 있다. 최근 홈쇼핑의 매출을 기준으로 보면 유통업에서도 전례를 찾아볼 수 없는 성장을 이루었으며 홈쇼핑의 전성기라고 말할 수 있을 만큼 거대해졌다. TV 홈쇼핑에서는 여러 방송 프로그램이 있는데 그중에서도 식품 및 관련 상품 프로그램이 다수 방영되고 있다. 실시간 매출을 체크하며 진행하기 때문에 철저한 사전준비가 되어 있지 않으면 방송이 진행될 수가 없고, 그만큼 푸드코디네이터의 역할이 많은 부분을 차지한다고 말할 수 있다.

(1) 시안 및 계획서

푸드코디네이터는 사전에 PD와 MD, 그리고 업체에서 어떻게 상품을 표현하기를 원하는지 듣고 그에 맞춰 준비하는데, 이왕이면 방송 진행에 어울릴 수 있도록 세부적으로 서술하고 대강의 스케치rough sketch를 하여 진행에 어려움이 없도록 하는 것이 중요하다. 아래는 실제로 홈쇼핑 MD와 PD에게 보내진 자료이다. 이러한 자료를 통해서 푸드코디네이터의 철저히 준비된 모습을 보여줄 필요가 있으며, 대부분 홈쇼핑은 생방송이므로 한 치의 오차도 없어야 한다.

FoodandStyle Art By Hand

e-mail : modification@hanmail.net

TO : *** MD
FROM : ○○○(010-○○○-○○○○)
TEL : 02-597-○○○○ FAX: 02-597-○○○○

GS 홈쇼핑 방송진행 계획서

■**제품명 : ○○○○ "꿀돼지 LA갈비"**

1. 상품 기본세트 테이블

- 방송진행 중 상품구성을 보여주는 테이블

  -본구성 돼지LA갈비(600g*4팩) 추가구성 매운갈비찜 600g*2팩
  판매가격 39,900원

- 내 포장상품과 박스포장을 세팅
  - 캐주얼 분위기
  - 한식 명절 분위기
- 필요한 소품
  푸드앤스타일: 뒷배경판, 테이블클로스, 러너, 소재(조화식물),상자 등
  ››구매 후 업체 영수증 처리-방송이 끝나고 구입물품은 다 드립니다.

업체 : 상품구성 6팩 (속 내용물 없이 포장패키지만)
GS : 테이블, 테이블커버

2. 방송진행 테이블

- 쇼호스트와 게스트 진행 테이블
- 상품 패키지와 싱싱한 원육, 양념육, 과일과 소스 세팅
- 필요한 소품
  - 푸드앤스타일: 테이블커버, 러너, 고기 담을 그릇과 나무판, 소재(조화식물),
  ››구매 후 업체 영수증 처리-방송이 끝나고 구입물품은 다 드립니다.

업체 : LA갈비와 찜갈비 원육 준비, LA갈비와 찜갈비 양념육 준비, (소스재료: 사과3, 배2, 파인애플1, 키위5~7, 레몬3, 자몽2, 통마늘, 통후추) 치커리, 겨자잎(벌집채 꿀, 맑은 꿀), - 가위, 비닐장갑(제품 내용물 촬영 중 보여주기 위한)
GS : 드라이아이스 테이블, 드라이아이스, 아크릴판 등

3. 요리 및 씨즐

- GS 요리선생님과 업체 미팅 후 진행

4. 시식 테이블

- GS 요리선생님과 업체 미팅 후 진행
  만약 시식테이블 진행 시 푸드앤스타일에서는 테이블클로스와 세팅에 필요한 그릇, 수저 등은 준비해 줄 수 있습니다. 단 사전에 요리 아이템과 모델 수를 말해 주세요. 홈쇼핑을 계속 진행하는 업체인 경우 그릇은 직접 구매하는 것이 좋습니다.
- 밝고 화사한 시안

새로 론칭launching한 제품일수록 철저히 계획하여 연출해야 한다.

아래는 코디네이터가 직접 러프 스케치rough sketch를 한 자료로 직접연출 시 좀 더 효과적이며, PD와 MD 그리고 클라이언트client와의 미팅자료로도 사용된다.

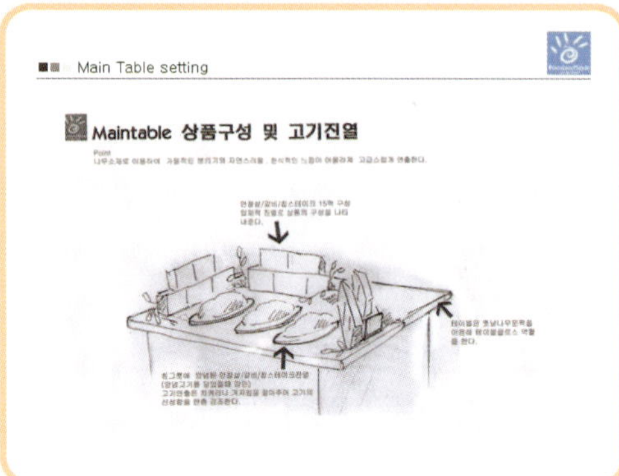

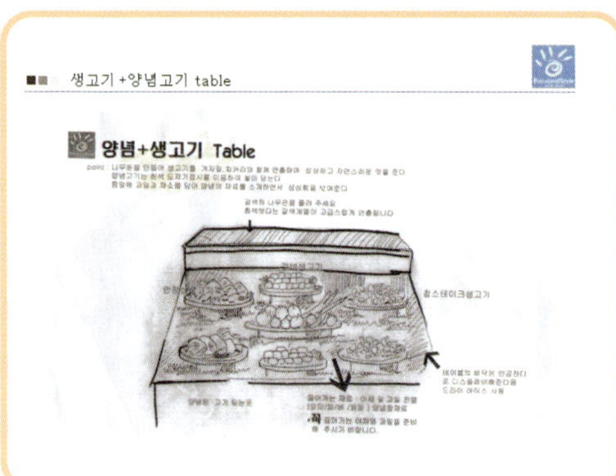

(2) 방송국에서의 무대시안서

새로 론칭한 제품일 경우에 무대 디자인이 사전에 나오는데 푸드코디네이터는 무대 디자인을 참고로 하여 테이블을 보기 좋게 연출한다.

(3) 2013년 롯데홈쇼핑 대저토마토 방송

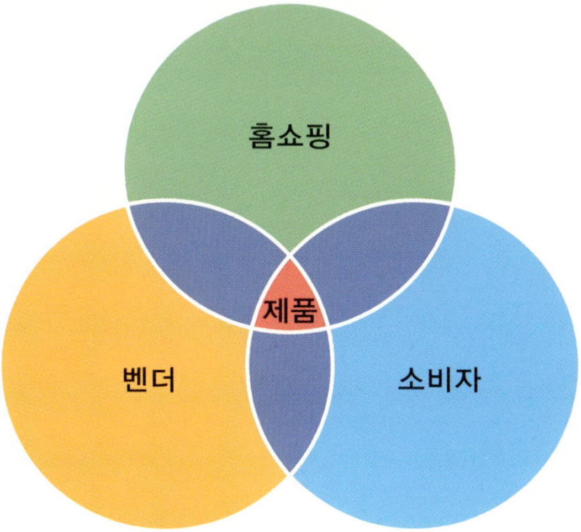

홈쇼핑의 관계

벤더(vendor)

벤더는 사전적인 의미로는 노점상, 판매자, 행상인을 말한다. 홈쇼핑에서 상품을 구성하여 판매하고자 하는 업체를 벤더라고 하며, 푸드코디네이터에겐 클라이언트가 된다.

■ **상품기술서(Product Description)란?**

상품을 납품하기 위한 상품소개서로 일반적인 상품기술서(품의서) 내용에는 회사명, 담당자, 연락처, 상품(물품)명, 소비자가격, A/S방법 및 기간, 제품이미지, 상세설명, 특이사항, 납품실적, 배송방법 등이 기술되어 있다.

■ **홈쇼핑 MD(Merchandiser)란**

제품을 분석하고 경쟁력 있는 가격과 상품성 있는 제품이라고 판단되는 경우, 적정 판매가를 책정하고 그 상품이미지에 맞는 쇼호스트를 설정, 방송 진행을 담당하는 PD와 회의를 통해 원활한 방송운영이 이루어질 수 있도록 하며, 그에 따른 판매추이와 물량확보, 배송 전반에 걸친 업무를 실무, 지휘하는 사람을 홈쇼핑 업체에서는 MD라고 한다.

■ **홈쇼핑 쇼호스트(Show-host)란**

고객에게 팔려는 상품에 대한 정확한 정보와 지식을 제공함으로써 고객들이 보고 들으면서 장단점을 파악하여 물건을 사도록 상품을 설명해 주는 사람이다.

2) TV 프로그램

최근 들어 드라마나 쇼오락 및 다큐멘터리 프로그램에서 식품 및 조리된 음식을 만들고 담아 연출하는 장면들을 종종 볼 수 있다. 불과 5~6년 전만 해도 요리 프로그램들이 먹고 마시고 즐기는 것에 중점을 두고 방영되었다면, 요즘에는 눈으로도 먹고 즐길 수 있는 음식을 만들고 그것을 가지고 연출된 음식들을 선보이고 있는 추세이다. 이에 따라 푸드코디네이터food coordinator나 푸드스타일리스트food stylist가 방송에서 프로그램의 진행에 참여하게 되었다. 푸드코디네이터는 먼저 프로그램의 성격을 이해하고 연출 장면에 어울리는 요리와 세팅을 위해 진행 프로듀서 및 구성 작가와 긴밀한 커뮤니케이션이 필요하며, 또한 대본 및 큐시트 등을 꼼꼼히 살펴 촬영에 실수가 없도록 최선을 다하여 연출해야 한다.

다음은 MBC 유재석, 김원희의 놀러와(2006. 10. 11.수 저녁7시) 방영된 프로그램 대본으로 일부 생략하였고 필요한 음식부분만 발췌하였다.

MBC 유재석, 김원희의 놀러와

-116회-

녹화 : 2006년 10월 11일(수) 저녁 7시
게스트 : 주영훈, 배기성, 신지
방송 : 2006년 10월 20일(금) 밤 9시 55분

코스 1(애피타이저)	부추쌈
코스 2(메인요리 1)	전복 스테이크
코스 3(메인요리 2)	장어 롤
코스 4(디저트)	복분자 타르트

(1) 푸드코디네이션

출연한 게스트 중에 새 신랑이 있어 자양강장 및 정력에 좋은 음식을 선정하여 주제를 이끌어갔다. 그렇기 때문에 위 요리들이 아이템으로 선정되었고 주제에 맞

는 요리법과 연출을 하여 사전에 "푸드앤스타일"스튜디오에서 1차 촬영을 하고, 방송국에서 2차로 촬영을 진행하였다

(2) '푸드앤스타일' 스튜디오에서 1차 촬영을 한 요리들

복분자 타르트

부추쌈

장어롤

전복스테이크

(3) 대본과 큐시트

아래 그림은 실제 방송대본의 일부분으로 푸드코디네이터가 음식을 먹는 장면에서 어떻게 연출하면 좀더 비주얼visual하게 보이게 하는지 연구할 수 있는 자료이다. 또한 큐시트cue-sheet는 방송대본을 시간별로 나누어 정리된 표로 준비standby할 때 보는 참고자료이다.

큐시트(Cue-Sheet)

프로그램의 시작에서 종료까지 무엇을 어떤 타이밍에서 방송 또는 녹음, 녹화할 것인가를 일정한 형식에 따라 기입하게 되어 있는 진행표를 말한다.

3) CF

광고의 목적은 고객에게 상품에 대한 정보를 충분히 제공함으로써 상품의 판매를 촉진하는 데 있다. 따라서 광고를 위한 음식연출 시 푸드코디네이터는 상품구매력을 유발할 수 있게 음식을 먹음직스럽고 비주얼하게 연출할 수 있는 능력을 갖추고 있어야 한다. 방송광고에서 상업적 목적을 위한 광고를 CFCommercial Film 또는 CMCommercial message이라고 칭하며, 식품 또는 음식과 관련된 CF 제작 시 푸드스타일리스트가 투입된다. 푸드스타일리스트는 CF 제작과정에 대한 지식을 갖추고 있어야 CF 제작진들과 호흡을 맞추어 효과적으로 자신의 업무를 수행할 수 있다.

CF는 일반적으로 15초, 20초, 30초 A안과 B안으로 만들어지며 30초 이내에 광고의 효과를 극대화하여 상품의 구매력을 증진시키는 데 목적이 있다. CF 방영은 짧지만 CF 스타일링 연출 시 아주 많은 노력과 시간을 투자해야 좋은 시즐sizzle과 장면을 연출할 수 있다. CF는 '제작의뢰 → 프레젠테이션 → 촬영장소 섭외와 세트 디자인 → PPM → 대소도구준비 → 촬영기자재준비 → 촬영 → 네가 현상 → 편집 → 녹음 → 대행사 시사 → 광고주 시사' 의 순서로 제작이 된다.

(1) CF 제작과정

① 제작의뢰

일반적으로 광고대행사의 광고기획자AE가 광고주로부터 광고를 수주하여 대행사 PD와 협의하여 프로덕션production을 선정하고, 대행사의 PD가 프로덕션의 감독 및 기획팀 참석하에 오리엔테이션을 진행한다.

기획팀이 오리엔테이션 내용을 바탕으로 광고 콘셉트에 맞는 아이디어를 구성하고, 제품과 경쟁사 CF 및 외국 CF분석을 통하여 몇 가지 시안을 뽑는다. 시안을 구체적으로 정리하여 대행사 PD와 협의 후 콘티라이터에게 콘티conti를 의뢰한다

콘티와 스토리보드

콘티는 실제작진이나 연출가를 위한 그림이 곁들여진 촬영(방송) 대본을 말하며 연출가가 의도하는 카메라 앵글, 모델의 동작이나 표정, 타이밍 등 유의사항을 정리해 전지 사이즈의 보드나 우드락을 사용하여 제작하는 게 보통이다. 스토리보드는 브리핑을 목적으로 장면 전개를 설명하기 위해 보기 좋고 이해하기 쉽게 콘티를 간단한 스케치를 그려서 패널화한 것이다.

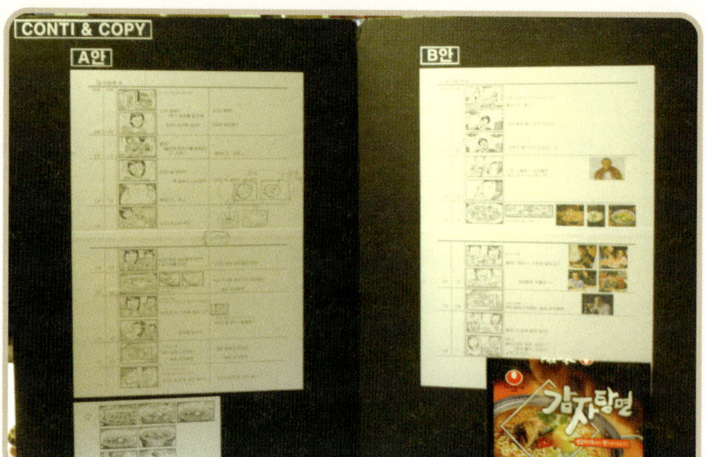

② 프레젠테이션

대행사의 광고기획자AE가 광고사에 들어가 프레젠테이션을 통해 광고주를 설득하고 승낙을 받는다. 보통 두세 번 기획안을 다시 제출해야 합의를 볼 수 있다.

모델캐스팅, 스텝구성 등의 제작회의를 한다

③ 촬영장소 섭외와 세트 디자인

촬영은 세트장 촬영과 로케이션location촬영 두 가지로 나눌 수 있는데 로케이션 시 국내 촬영은 조감독이나 PD가 후보지를 물색하여 직접 현장에 내려가 장소를 섭외하고 필요한 경우 촬영 허가까지 마친다. 세트 촬영 시 스케줄을 체크하고 촬영일자에 비어 있는 세트장을 설정한다. 모델이 결정되면 촬영장소 및 세트 분위기에 맞는 의상 디자인에 들어가며 전문 스타일리스트와 헤어, 메이크업에 의해 디자인이 나오고, 의상을 구입할 것인지 새로 만들 것인지도 결정하게 된다.

④ PPM

PPM은 Pre Production Meeting으로 감독이 대행사와 광고주에게 이렇게 제작하겠다고 설명하는 자리이다. 이를 위해서 사전에 촬영콘티, 스텝구성, 촬영 및 조명기자재, 촬영장소 및 세트 디자인 등 제작에 필요한 모든 요소를 보고서로 만들어 놓는다.

이러한 보고서를 바탕으로 CF제작 견적서를 작성하여 대행사에서 제출하게 된다. 광고주가 이의를 제기하면 보통 스텝회의부터 다시 하게 된다.

⑤ 대소도구 준비

국내에는 전문 코디네이터가 없어서 조감독들이 촬영에 필요한 소품들을 구입하거나 제작을 한다.

⑥ 촬영기자재 준비

카메라감독, 음향감독, 조명감독 등 각 파티 전문 감독들이 촬영에 필요한 기자재를 준비한다.

⑦ 촬영

촬영은 보통 1~3일 정도 촬영을 하며 상황에 따라 해외 로케이션으로 촬영이 진행되기도 한다. 모델촬영 부분과 시즐촬영 부분을 나누어서 촬영한다.

시즐(sizzle)

시즐은 지글지글 끓는 소리를 나타내는 의성어이며 음식 고유의 맛과 질감, 소리 등을 비주얼적으로 화면에서 표현하는 것을 의미한다.

⑧ 네가 현상

촬영이 끝나면 바로 네가 현상소로 필름을 보낸다.

⑨ 편집

디지털 시스템을 이용하여 우선 30초 편집을 끝낸 후, 20초 또는 15초 적용을 편집한다.

⑩ 녹음

촬영된 필름을 보고 필요한 부분에 성우나 모델의 목소리로 비디오 더빙을 하는 경우가 있다. 여러 번의 녹음을 통해 최대한의 효과적인 목소리톤을 찾아 더빙한다.

⑪ 대행사 시사

대행사 시사는 대행사마다 다르지만 팀장급들로 구성된 평가위원회의 심사를 통과해야 한다.

⑫ 광고주 시사

광고주 시사는 대행사에서 주관한다. 광고주 대표 앞에서 시사회를 한 후 방송심의 과정을 거치게 된다.

(2) 감자탕면의 PPM 자료의 실례

다음에 예시된 자료는 최근에 새로 제작된 감자탕면의 PPM자료이다.

푸드스타일리스트는 PPM에 참여하여 인물 촬영과 시즐 촬영에 직접 투입되어 연출을 돕게 된다. PPM자료에 표시된 8, 11, 18, 22번은 시즐 연출 컷이며 나머지는 인물 촬영 컷으로, 각각 분리해서 촬영이 이루어진다. 대부분 인물 촬영이 먼저 진행되고 그 다음날 시즐 촬영이 진행된다. 보통 1컷을 위해 소요되는 시간은 상상을 초월할 정도로 오래 걸리며, 좋은 시즐을 만들기 위해 수십 번의 반복 촬영이 이루어진다.

■ 감자탕면 PPM 자료

PPM

2006. 9.11

Sketch Book

❑CONTENTS

❑STAFF
❑SCHEDULE
❑CONTI & COPY
❑MODEL
❑DRESS
❑SET
❑SET SKETCH
❑SET IMAGE

❑STAFF

CLIENT	(주)농심	
AGENCY	(주)농심기획	
Production	㈜ 스케치북 필림	
Director	김경무	011-9455-6320
Assist dir	이현철	017-293-6346
	김영삼	016-9357-0303

STAFF

DOP	권영철	011-463-7857
Gaffer	전철우	011-302-9280
Stylist	최정화	011-753-4869
장피엘	박수정	010-2224-9011
MODEL ag	S 모델	3443- 6231
SET	J-ART	3158-0872
Food	FNS	597-5655

Post pro

Process	제일현상소	523-3390
NTC	C.L	3443-2300
Edit /2D	프리맨	545-3307
Record	E2SOUND	3446-4522

❑SCHEDULE

일	월	화	수	목	금	토
3	4	5	6	7	8 SET 발주	9
10	11 PPM	12 SET 확인	13 촬영	14 현상 NTC 편집	15 가녹음 편집 1차 심의접수	16 2D
17 2D	18 2D 녹음	19 2차심의접수	20 1차심의결과	21	22 2차 심의결과	23
24	25	26	27	28	29	30

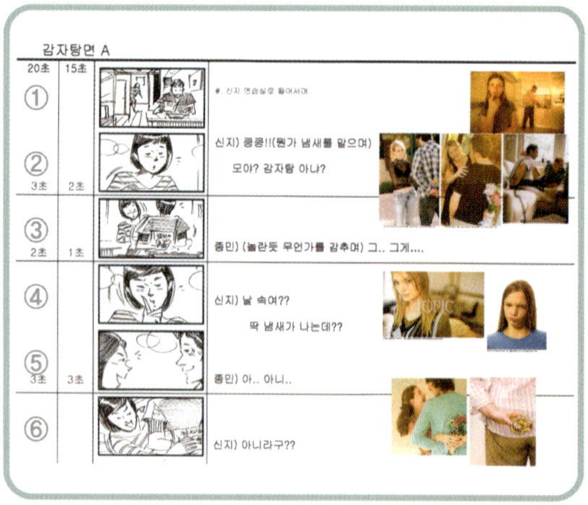

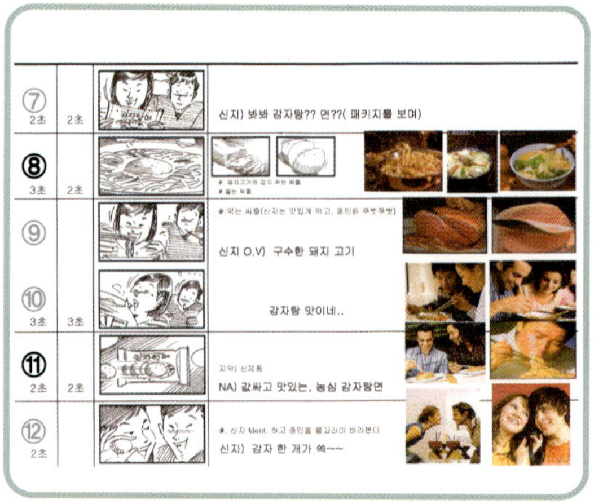

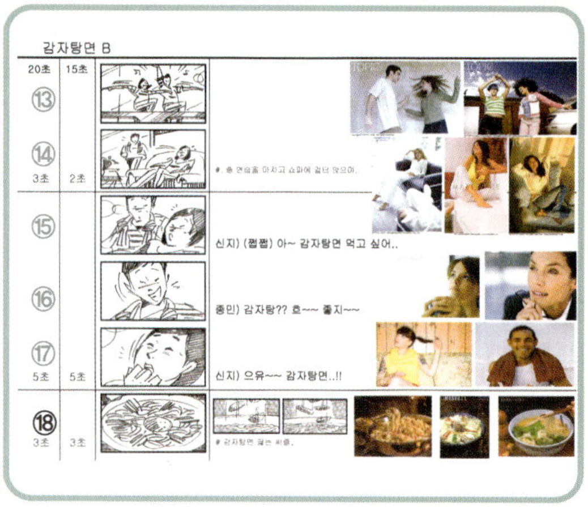

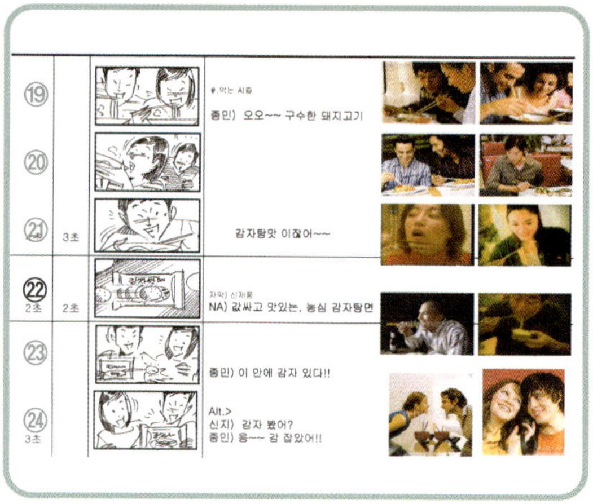

❑MODEL

❑DRESS -남자-

□DRESS –여자-

□SET

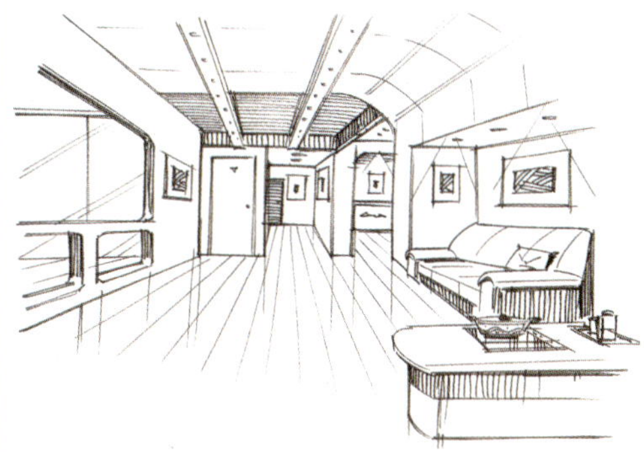

■ **실제 방영된 감장탕면 CF**(실제 방영된 CF는 www.tvcf.co.kr에서 확인할 수 있다.)

■ TV 촬영 현장 모습들.

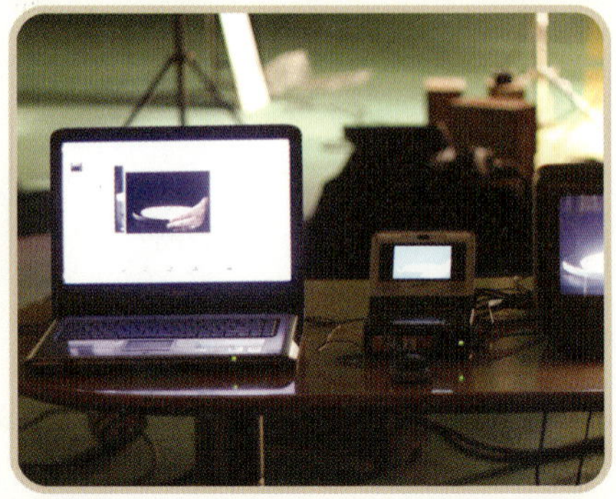

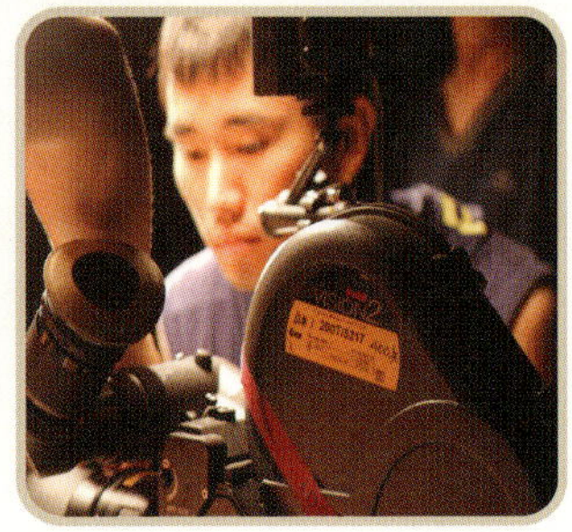

4) 영화

최근 들어 음식과 관련된 주제로 TV드라마나 영화들이 속속 나오고 있는데, 여기에서 푸드코디네이터는 영화 주제에 맞게 감독과 상의하여 음식재료 구입에서부터 조리, 세팅 등 영화에 소품으로 쓰이는 음식에 관한 모든 일을 도맡아 한다. 음식은 소품이지만 시각 · 청각 · 후각 · 미각 · 촉각 등 오감을 만족시키고 씹는 소리 하나에서부터 관객이 스크린 밖으로 음식 냄새가 풍겨져 나오는 것 같은 착각이 들 정도로 음식을 만들어 내는 것이 푸드코디네이터에겐 중요한 작업이다. 영화에서 음식은 배우의 감정을 나타내거나 사건과 상황을 나타내는 소품으로 쓰이기도 한다. 우리나라에서는 영화 '식객' 을 통해 음식감독이라는 명칭이 생겨나기도 했다.

식객(2007)

에스토마고(2007)

터치 오브 스파이스(2004)

5. 테이블에서의 푸드코디네이션

테이블과 관련된 지식과 훈련은 푸드코디네이션 중에서 푸드스타일링과 더불어 가장 기본적이면서 오래된 분야이다. 테이블 데커레이션, 테이블 세팅 등 다양한 용어로 불리는 분야로, 푸드코디네이션의 대부분에 걸쳐 적용되는 분야이기도 하다.

보통 테이블과 관련된 지식은 반드시 알아야 되는 지식이고 푸드코디네이션의 기본을 이루는 것이지만, 테이블에 대한 지식만으로 작업이 이루어지는 것은 특별한 경우, 예를 들어 포멀하고 공식적인 자리의 테이블 세팅을 제외하곤 찾기 힘들다. 그러나 앞서 말한 것과 같이, 여러 푸드코디네이션 분야를 해내기 위하여 반드시 알아야 하는 기본 소양에 해당한다.

테이블에 대한 이해를 위해서는, 식문화에 대한 이해(본서의 III. 조리 · 식문화와 푸드코디네이션) 및 각 문화별, 나라별 세팅 규칙과 역사, 여러 가지 시대사조를 배경으로 하는 스타일과 패턴에 대한 이해, 색을 다루는 직업이므로 색채학과 배색의 기술 등 많은 연구가 필요한 분야이다.

테이블과 푸드코디네이션을 이해하기 위하여, 먼저 선행되어야 되는 것은 식공간에 대한 이해이다. 食을 소비자에게 전달할 때, 그 효과를 최대치로 끌어올리기 위해서 여러 가지 디자인적 요소를 강조하기도 하고, 또 문화적으로 각 나라별, 상황별로 적절한 식사제공을 위해 테이블 세팅의 룰과 식사 형태를 고려해야 한다.

테이블 세팅의 기본 요소들과 규칙 그리고 각각의 역사와 관습 등을 익히고 테이블을 제외한 식공간에 대한 개념을 익혀 적절한 감동의 요소를 배치하기 위하여, 푸드코디네이터에게는 식공간 연출과 테이블에 대한 전반적인 지식이 요구된다.

1) 식공간의 기본 요소

(1) 바닥

공간에 진입할 때 신체와 가장 먼저 접촉하는 부분인 바닥은 시각과 더불어 촉각을 느끼게 하여 공간의 인상을 결정짓는 역할을 한다. 바닥의 색과 재질은 공간의 균형감과 안정감에 큰 영향을 주는 요소이다. 식공간에서 바닥의 의미는 다른 요소와 달리 가구와 기물 등이 놓이게 되므로 그 견고함이 중요하며, 기능적으로 음식이 떨어졌을 때나 청소 · 방음 등 민감한 요소들이 직접적으로 연관되어 있으므로 그에 대한 고려가 요구된다.

소재에 따른 바닥의 종류

(2) 벽

공간에 들어설 때 가장 시각을 많이 차지하게 되는 벽은, 만남에서 첫인상이 중요하듯이 공간 속에서 인상을 강하게 주는 요인으로 작용한다. 때문에 색채뿐 아니라 어떠한 마감재를 사용

소재에 따른 벽의 종류

했느냐가 전체 분위기를 좌우하는 중요한 요소가 된다. 벽은 주로 흰색 계열을 많이 사용하는데, 그 이유는 다른 요소들의 복잡한 색을 정돈해 주고 투사광이 크기 때문에 식사 주체인 사람과 음식을 돋보이게 하는 역할을 한다.

밝은 색의 벽은 실내에 생기를 부여하고 확장 효과를 주며, 어두운 색은 실내에 안정감을 주고 무게감을 부여한다.

(3) 천장

천장의 높낮이는 공간의 규모를 결정하는 중요한 요인이다. 또한 천장의 높낮이는 실내 온도의 조절요소이며 빛의 양을 조절하는 중요한 기능을 가지고 있다. 예를 들어 불필요하게 높은 천장은 공간의 규모를 확장시켜 연료비 지출을 높이고, 불필요하게 낮은 천장은 심리적으로 압박감을 주어 좋지 못하다. 천장은 공간의 다른 요소인 조명이 달려 있는 곳이므로 천장의 높낮이에 따라 조명의 종류도 영향을 받게 된다. 천장의 색을 조절함으로써 같은 공간이라도 공간 규모에 대한 느낌을 확장시킬 수도 있고 축소시킬 수도 있다. 이처럼 천장의 적절한 이용이 식공간에는 매우 중요하다 하겠다.

(4) 창, 문, 패브릭

창과 문은 공간과 공간을 연결하고 이동하는 중요한 요소이다. 특히 창은 채광, 환기, 조명, 습도조절 같은 기능적 역할을 하며, 문 또한 그 역할을 일부분 담당한다. 패브릭fabric이란 식공간에서 커튼, 쿠션 등을 비롯한 모든 직물을 통칭하는 용어이다. 그중에서도 특별히 커튼의 경우, 창과 함께 채광을 조절하고 방음에 관여하며 방한과 환기에 중요한 역할을 한다. 또한 식공간의 데커레이션 요소로, 또 분위기를 결정하는 중요한 요소로 작용한다. 이 요소들은 식공간에서 기능적으로 환기나 습도조절, 조명에 영향을 미치며, 전체적인 분위기를 좌우하고 비용에 큰 영향을 미치며 결국은 매상과 직결되는 중요한 요소이다. 디자인적인 요소만을 강조해 이런 기본 기능을 갖추지 못할 때, 식공간으로는 실패했다고 볼 수 있다.

패브릭과 창

(5) 조명

식공간의 보조장치로서 조명은 기본 요소만큼 중요하다. 조명은 기능적 · 심리적으로 식공간 내의 고유 분위기를 형성하는 구심점이다. 식공간의 영역에서 식공간의 여백과 시각적 효과를 주는 일을 하는 테이블 라이팅 코디네이트 영역 또한 새롭게 뜨고 있는 분야임을 감안할 때, 조명이 식공간에 주는 영향력은 매우 중요하다 하겠다. 또한 조명은 음식의 식감을 상승시키는 중요한 요소이며, 식공간 내의 온도조절 및 메뉴판의 가독성과도 밀접한 관계를 가지고 있다.

(6) 배치

식공간은 식공간 출입구, 주방, 배식구, 식공간의 전망 등이 먼저 배치되고, 그 후에 식사 장소, 수납 장소, 점원들의 사무실 등이 보조적으로 배치되어야 한다. 특별히 테이블을 배치할 때에는 테이블 간의 간격이 전체 오퍼레이션에 지장을 주지 않고, 옆 테이블과 각자의 독립성을 유지할 수 있으면서도 전체적으로 효율성을 고려하여야 한다. 미적인 배치에만 집중하다 보면, 식공간의 합리적인 기능성을 잃어버리기 쉽기 때문에, 이를 잘 고려하여 배치하도록 한다.

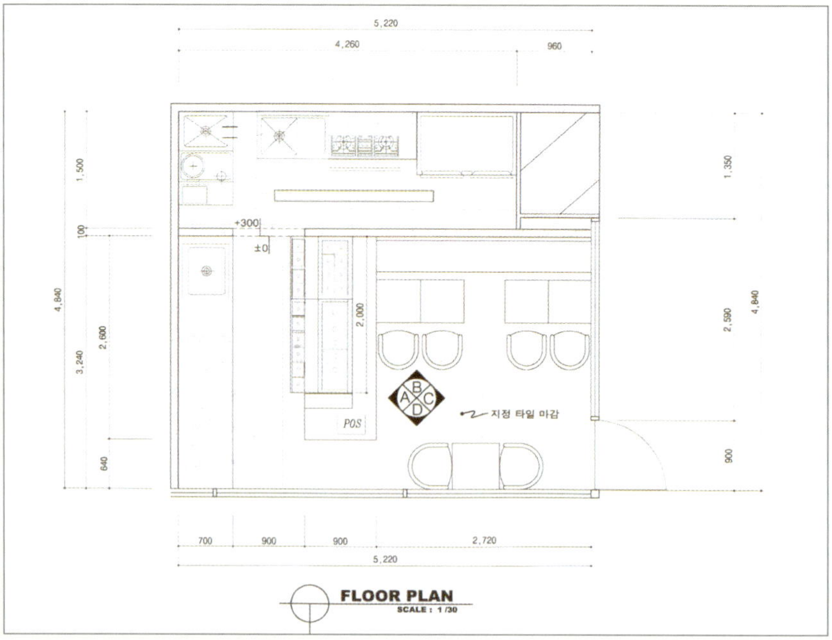

도면과 동선

2) 테이블 세팅의 기본 요소

테이블을 구성하는 요소는 각 문화별로 약간의 차이는 있으나 일반적으로 5가지로 많이 설명한다. 이 기본 구성요소를 바탕으로 각 문화별 때로는 각 나라별 세팅 방법이 발전하였다.

(1) 리넨 linen

유럽에서는 일반적으로 직물로 짠 천을 일컫는 말로 테이블 세팅에 쓰이는 모든 직물류를 리넨류라고 표현한다. 그 종류에는 언더클로스 undercloth, 테이블클로스 table cloth, 냅킨 napkin, 러너 ranner, 탑클로스 topcloth, 매트 mat, 도일리 dolly 등 다양하다. 테이블클로스의 경우, 덮는 방법에 따라 포멀한 식사와 캐주얼한 식사로 구별하기도 한다. 냅킨의 경우, 역시 그 크기에 따라 각기 쓰이는 용도가 달라지기도 한다.

(2) 차이나웨어 chinaware

디너웨어로도 불리는 차이나웨어는 식기로 많이 쓰이고 일반적으로 도자기를 지칭한다. 도자기는 도기와 자기의 합성어로 그 소성온도와 재질에 따라 여러 종류로 나누어진다. 이런 제작기법에 의한 분류 이외에 사용하는 용도에 따라 퍼스널 아이템 personal item과 서비스 아이템 service item으로 나누기도 하고, 그릇의 형태에 따라 접시류와 볼류, 컵류 등으로 분리하기도 한다.

명칭	용도	사이즈
서비스 접시 service plate	자리 표시	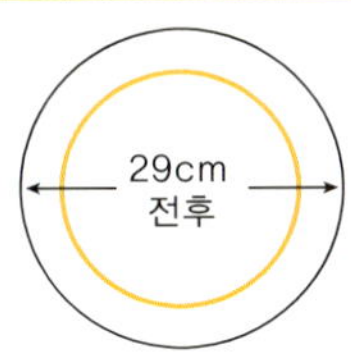
디너접시 dinner plate	메인 디쉬	

그림 4-13 | 차이나웨어 chinaware

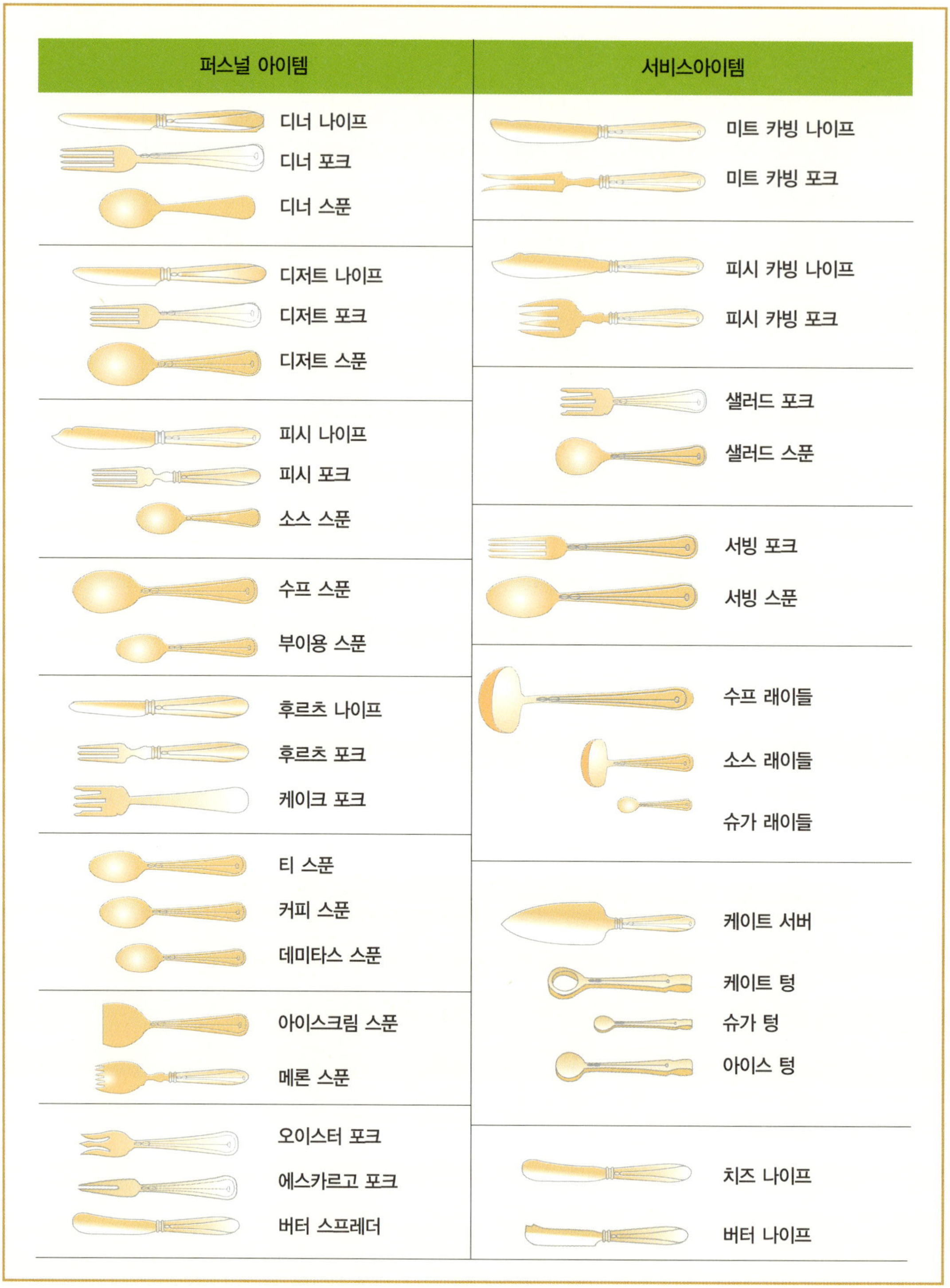

그림 4-14 | 커트러리들cutlery kinds

(3) 커트러리

음식을 입으로 넣기 위해 사용되는 도구를 총칭하여 커트러리cutlery, 플랫웨어flatware 또는 실버웨어silverware라고 부른다. 이 명칭에 대한 주장은 여러 가지가 있는데, 대체적으로 커트러리라 함은 음식을 잘라 입으로 넣는다는 의미로, 플랫웨어라 함은 대체적으로 평면적 구조를 가졌다는 의미로 이름을 얻게 되었다. 또한 과거 은제품을 주로 많이 만들어 사용하였다 하여 실버웨어라고도 불린다. 커트러리 역시 퍼스널 아이템과 서비스 아이템으로 나뉘며, 그 용도에 따라 여러 종류가 분화 · 발전하였고, 문화권에 따라 약간의 차이도 발생하였다.

(4) 글라스류

글라스류glass 역시 퍼스널 아이템과 서비스 아이템으로 크게 구분할 수 있고, 어떤 음료를 마시느냐에 따라 그 모양과 크기가 기능적으로 구별된다. 스템stem 유무에 따라 고블릿goblet과 텀블러tumbler로 나뉜다. 고블릿은 볼과 스템, 베이스로 만들어진 것으로 차가운 음료를 볼에 담긴 내용물이 데워지지 않고 차갑게 제공될 수 있도록 디자인한 것이다. 레드와인red wine 글라스는 입구가 안쪽으로 더 오므라져 있어 레드와인의 향기가 밖으로 나가지 못하도록 한 형태로, 향기와 색을 통한 시각적 검증을 끌어내기에 효과적으로 고안된 형태이다. 화이트와인white wine 글라스는 차가운 상태로 와인을 즐길 수 있도록 작은 용량의 글라스를 사용한다. 텀블러는 칵테일이나 음료수를 마실 때 사용되며, 이 밖에도 식탁용 유리제품으로는 디캔터decanter, 피처pitcher 등이 있다.

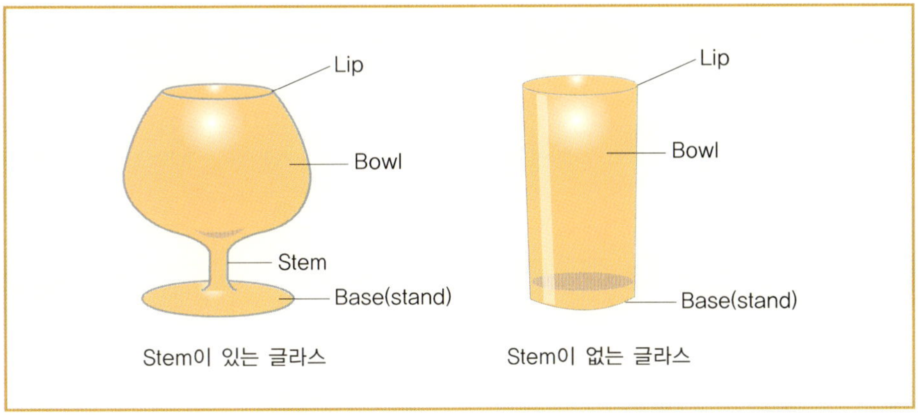

그림 4-15 | 스템 유무에 따른 구분

(5) 액세서리류

테이블을 더 풍성하게 하는 장식적 요소로서 대표적으로 센터피스를 들 수 있고, 그 외에도 글라스마커glass maker, 네임카드name card, 레스트rest 등 테이블 위에서 각각의 기능을 다하면서도 테이블 데커레이션적 효과를 보강해 주는 요소들을 의미한다. 이는 단순히 데커레이션적인 면만이 아니라 기능적으로도 중요한 역할을 담당한다.

퍼스널 아이템		서비스 아이템
① 리큐어 글라스 ② 셰리 글라스	 ① ②	피쳐 (물, 우유, 주스) 
① 백포도주 글라스 ② 적포도주 글라스	 ① ②	
① 고블렛(물, 소프트, 드링크) ② 필스너(맥주, 소프트 드링크)	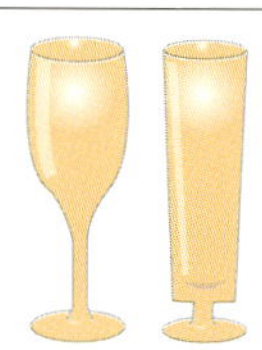 ① ②	
① 샴페인 쿠프(건배용 샴페인) ② 샴페인 뚜르 또는 풀루뜨	 ① ②	디캔더 (적포도주) 
① 칵테일 글라스 ② 브랜드 글라스(코냑)	 ① ②	
① 올드 패션 글라스(위스키) ② 텀블러(주스, 물, 맥주, 위스키+물)	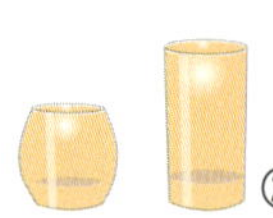 ① ②	

그림 4-6 | 글라스류

3) 테이블 세팅의 규칙

(1) 서양

지난 2010년 세계문화유산으로 등재된 프랑스의 음식문화 안에는 테이블 세팅도 포함되어 있는데, 이 규칙은 루이 14세 때에 이르러 왕권 강화의 목적으로 세우게 되었다고 알려졌다. 물론 루이 14세 이전에도 테이블 세팅의 일반 규칙은 있었겠으나, 현재 통용되고 있는 규칙은 그 시절 기본적인 틀이 이루어진 것으로 보고 있다. 그 이후 유럽문화 아래 시대별 규칙의 수정과 나라별로 특징적인 규칙들이 형성되었다. 그 대표적인 예가 미국으로, 유럽문화권에서 이주해온 청교도들은 신대륙에서 그곳 자연 및 사회 환경과 적합한 규칙들을 자신들의 상황에 맞게 사용하고 있다.

일반적으로 사용되는 기본적 테이블 세팅의 규칙은 **그림 4-7**, **그림 4-8** 에 나타나 있다.

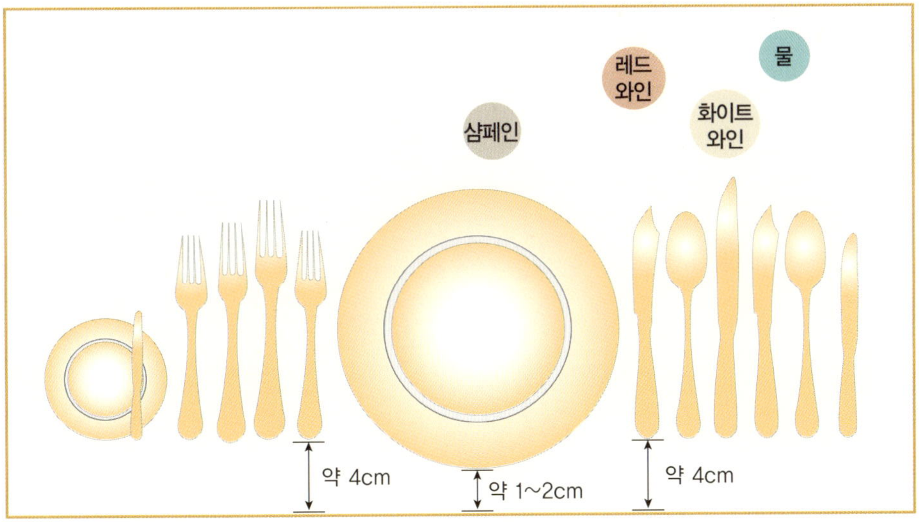

그림 4-7 | 영국식

출처 : Table Coordinate, Yoko Maruyama, 2003

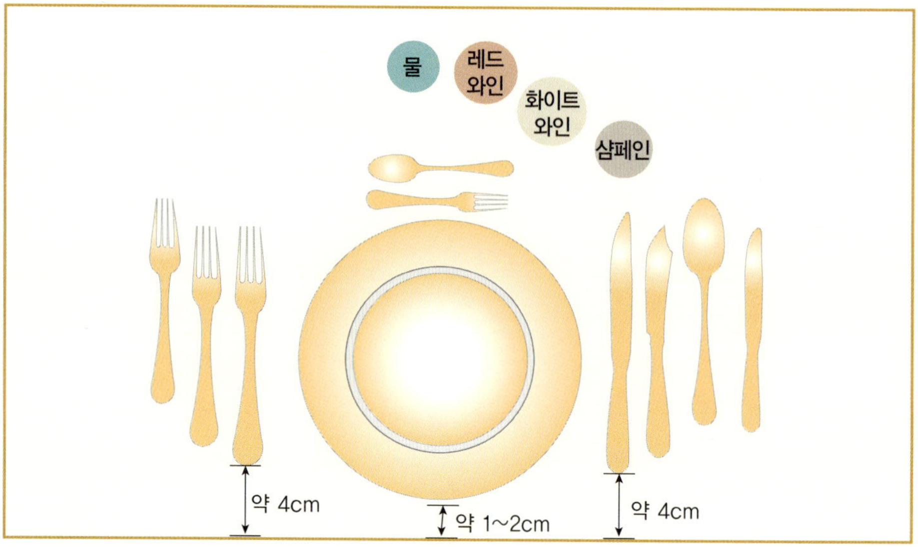

그림 4-8 | 프랑스식

출처 : Table Coordinate. Yoko Maruyama, 2003

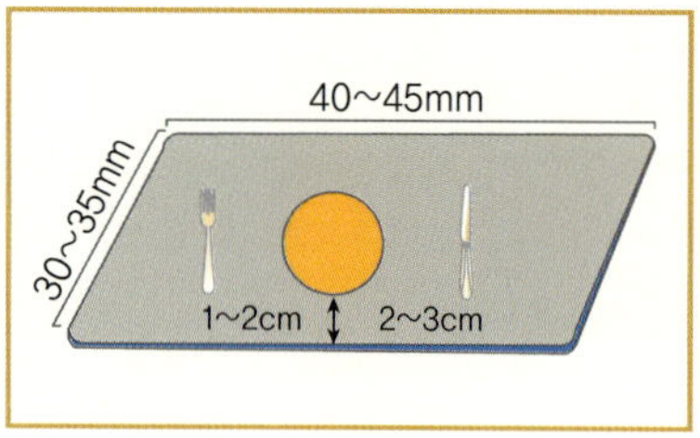

그림 4-9 | 1인 세팅

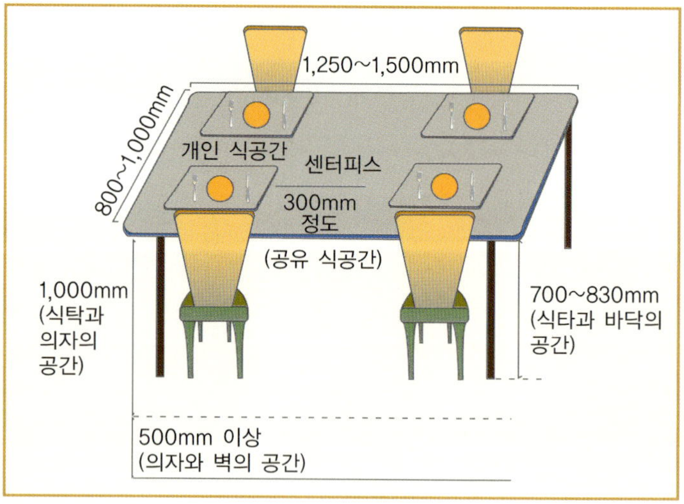

그림 4-10 | 4인 세팅

(2) 동양

조선시대에 기본적인 현대의 틀을 정립한 한국의 첩에 의한 반상을 비롯한 일본, 중국 등 각 나라별로 나름의 규칙을 갖고 있다. 다 적용되는 것은 아니지만, 대체적으로 독상을 기본으로 하고, 유럽처럼 공간에 대한 규칙보다는 조리법 또는 반찬 종류에 따른 위치 선정과 같은 규칙이 서양과 다른 점이라 하겠다.

그림 4-11, 그림 4-12에 보면 기본적인 한국과 일본의 상차림을 알수 있다.

그 외에도 테이블 세팅과 식공간 연출에서 중요한 것은 배색이다. 고유의 색들

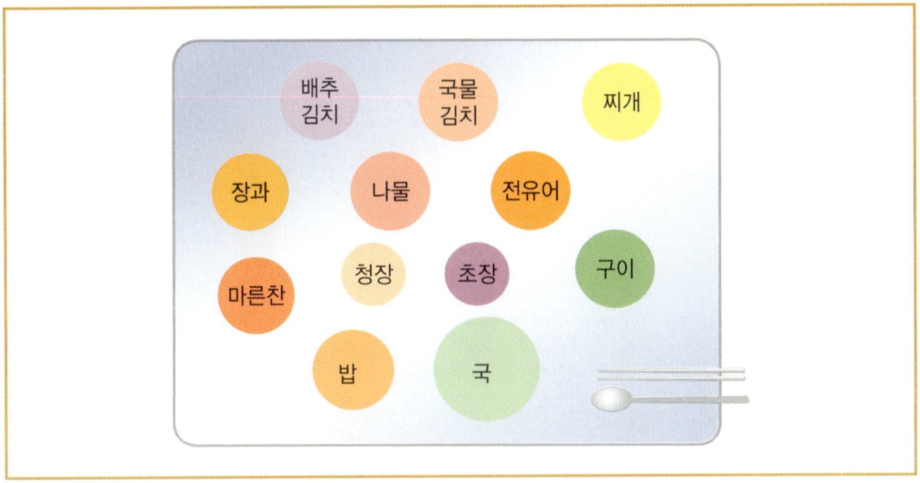

그림 4-11 | 한국 반상차림 중 5첩 반배도

출처 : 조선왕조궁중음식. (사)궁중음식연구원, 2004

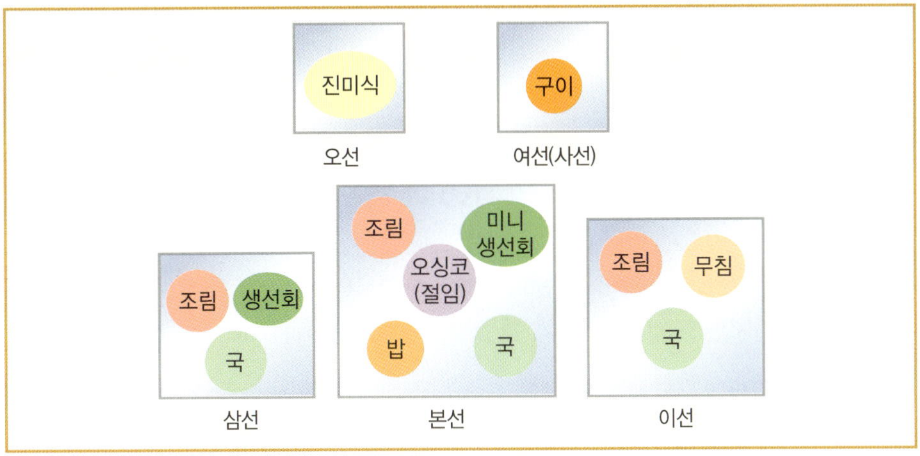

그림 4-12 | 일본 3즙5채 반배도. 일본가정의 상차림과 세팅법

출처 : 푸드코디네이트론. 일본 푸드스페셜리스트협회

이 지닌 이미지는 전체 세팅의 분위기를 좌우하며, 색의 심리효과와 배색 효과는 테이블과 식공간의 전체적인 분위기를 연출하는 데 중요한 요소이다. 또한 스타일은 일반적으로 미술사와 함께 그 맥락을 같이해 왔으며, 패턴과 스타일을 잘 조화했을 때, 작업하는 사람의 기획 의도에 맞게 적절한 상승효과를 가져온다.

6. 전시에서의 푸드코디네이션

페스티발festival, 카니발canival, 갈라gala 등에는 "축제' 라는 의미가 담겨 있다. 축제는 축(祝)과 제(祭)가 포괄적으로 표현되는 문화현상으로, 다시 말해 신에게 제사를 드린다는 종교적 의미와 농경문화에서 금기로 여겼던 것을 일시 해제하여 즐거움을 누리던 것이 축제의 출발점이 되었다고 한다. 오늘날에 우리나라는 지방자치제의 실시 이후 세계화, 지방화, 개방화라는 시대의 조류에 발맞추어 지역 활성화 전략의 한 방편으로 문화관광 및 공연문화 축제를 지정 · 장려하여 보다 생산적이고 경쟁력 있는 지역 축제로 만들어 가기 위해 노력하고 있다.

또한 축제의 한 행사로 음식과 관련된 전시exhibition를 진행하는데, 이때 그에 어울리도록 그릇, 소품, 배경 및 공간 연출까지를 푸드코디네이터가 직접 관여함으로써 축제가 열리는 장소의 분위기를 보다 멋지게 돋보이게 하는 역할을 한다.

전시에서 푸드코디네이터는 디스플레이적인 역할에서부터 공간연출이라는 방대한 일까지 담당하게 된다. 앞으로는 음식과 관련된 전시는 지역사회와 함께 기획하고 연출하는 일까지도 확장시켜 나가야 할 푸드코디네이션 분야이며, 그러기 위해서는 푸드코디네이터로서의 기획력과 아이디어 및 그에 관한 전문지식을 쌓아가야 할 것이다.

다음의 계획서는 2012년 경기 광주농업기술센터에서 김치, 저장발효식품 및 전통공예 전시를 진행한 것으로, 이를 보고 전시장에 어울리도록 사전 현지답사와 전시장 배치도를 작성하여 주제theme와 어울리도록 소품구입, 그릇선정 및 소재들을 구입하여 연출한 프로젝트이다.

1) 전시 계획서

김치, 저장발효식품 및 전통공예 전시회

1. 행사개요
   - 기간 : 2012년 11월 8일~9일(2일)
   - 장소 : 광주시농업기술센터 유리온실 및 대강당
   - 주최 : 생활개선광주시연합회
   - 주관 : 광주시농업기술센타
   - 설치 : J. at home (7일-10시~), 철수 : 10일- 10시 이후
2. 세부 추진계획
   - 제1전시실 : 김치, 저장발효식품 (꽃차, 자연음식)
   - 제2전시실 : 전통공예품 외
   - C : 전통주, 발효초
   - D, E : 전통공예품 판매대
3. 행사 진행방법
   - 전시 음식은 생활개선회와 자연음식전문가가 전시 1일 전에 만들어 제공
   - 외부업체에 그릇, 소품 등 전시에 필요한 물품과 연출 의뢰

전시 계획서

2) 전시장 배치도

전시장 관내의 배치도로 다른 테이블과 어울릴 수 있도록 연출 기획되어야 한다.

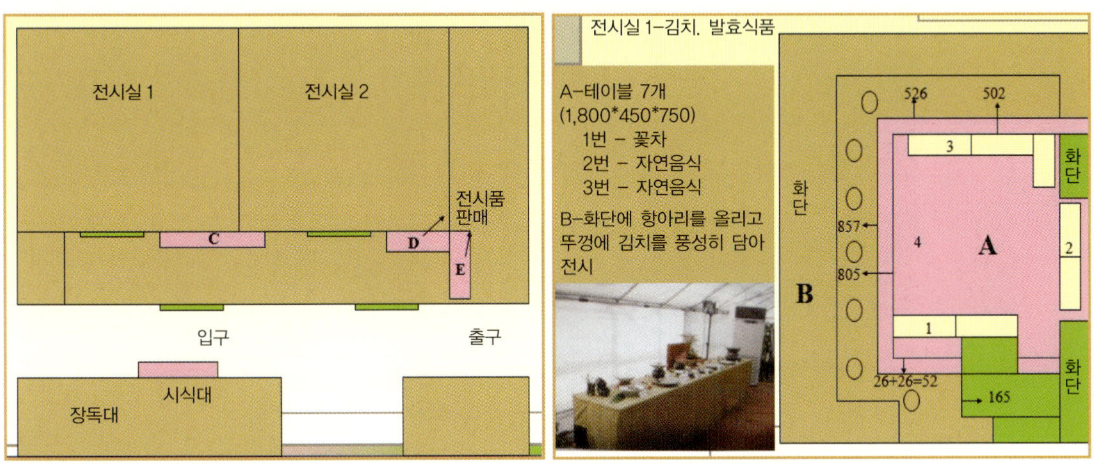

전시장 도면

3) 주제와 맞는 소품 구입 및 그릇 선택

전시장 배치도를 고려하여 주제와 맞는 메인컬러main color를 선정하고, 그 컬러에 맞춰 어울리는 소품 · 그릇 등을 선정한다. 컬러가 주는 효과는 매우 크므로 메인컬러main color는 신중하게 선정하는 것이 좋다.

4) 전시장 연출 이미지

전시장을 아름답게 연출하는 것도 중요하지만 음식을 먹음직스럽고 세련되게 담아내는 일도 푸드코디네이터의 역할이다. 때론 음식을 만드는 과정에서부터 비주얼하게 보이기 위해 기술적인 작업들이 수반되기도 한다.

전시장 전경

5) 다양한 음식전시 연출 사진

제1회 순창장류축제

2010경기향토음식전

제1회 대한민국 술품평회 한식관

7. VMD에서의 푸드코디네이션

VMDvisual merchandising란 시각적이라는 뜻의 visual과 판매, 판촉의 뜻을 가진 merchandising이 합쳐진 용어로서, 유통산업 내 제조 및 유통기업에서 매장의 디스플레이display와 레이아웃layout을 담당하는 것을 말한다. 즉 판매를 하거나 판촉을 할 때, 비주얼적인 요소를 이용해 효과를 극대화하는 것을 의미한다.

다른 산업 분야에서는 이미 널리 활용되고 있으며, 푸드코디네이션 분야에서도 점차 적용되고 활용되는 분야가 많아지고 있어, VMD는 새로운 푸드코디네이터의 작업 분야로 각광받고 있다.

VMD는 단순한 데커레이션의 의미라기보다는 대상 상품의 상품화 계획과 판매 촉진을 극대화하기 위하여 이용하는 개념으로, 판매를 끌어올리는 전략적 접근법이다.

VMD는 식품 판매대 디스플레이, 각종 관련 상품의 판매를 위한 디스플레이, 뷔페 동선 설정, 상품의 진열 등 食과 관련된 여러 분야에서 적용되고 있으며, 그 적용범위가 점차 확대되고 있다.

테이블 세팅에 대한 이해와, 식공간 연출에 대한 이해, 각 식문화에 대한 이해, 소비자 행동과 심리에 대한 이해, 시각효과에 대한 이해, 각 상품별 오퍼레이션의 이해 그리고 각 식품 혹은 요리상품들의 특징 등을 잘 파악하고 활용할줄 아는 능력이 요구된다.

VMD를 구현하게 될 때에는 물론 어김없이 기획력이 요구된다. 상품을 제공하는 회사의 기업이미지와 그 상품 자체의 장점과 단점, 특징을 파악해서 적절한 콘셉트를 확정하고 대상 공간이나 상품의 판매력을 높이는 시각적 요소를 적절히 이용하여 판매를 돕고 판촉을 성공적으로 이룰 수 있게 하는 작업이라 하겠다.

8. 푸드 MD와 푸드코디네이션

상품을 소비자에게 파는 어떤 장소이든지, 각각의 콘셉트에 맞는 제품을 선별하고, 소비자에게 판매하기로 결정하고 적절한 가격과 이미지를 부여하여 소비자에게 제공하는 역할을 담당하는 것을 MD merchandiser라 하고, 그 상품이 식食과 관련되어 있어 푸드코디네이션의 범주 안에 들 때, 이를 푸드 MD food merchandiser라 한다. 푸드 MD는 식품재료의 공급 및 생산, 안전 유통체계를 기본으로 시장 및 수요를 분석하여 판매증대를 위한 마케팅을 담당하는 자를 말한다.

대형 유통업체가 일반적으로 자리 잡게 되면서, 식품에 대한 수요도 기존의 재래시장만큼 대형유통업체에서도 빈번히 이루어지게 되고, 고객의 다양한 니즈에 따라 상품을 업장 내에 입점시키고 고객의 니즈에 따른 분류방법이나 전달방식을 전문적으로 담당할 푸드 MD들이 필요하게 되었다. 또한 나날이 커지고 있는 홈쇼핑이나 인터넷 쇼핑몰에서도 예전의 공산품 위주의 시장에서 점차 식을 콘셉트로 삼고 있는 시장이 확대되고, 건강에 대한 관심이 증가되고 있는 가운데 식품의 안전적인 공급체계의 중요성이 대두되고 있다. 특히 소비자들은 식품에 대한 정보를 원하고 유해성에 대해 많은 관심을 갖고 있다. 웰빙이나 다이어트 등 고객들의 니즈가 점차 구체화되고 전문화되는 사회의 변화에 따라, 푸드 MD에 대한 시장의 요구는 매우 크고 향후 더욱 커질 전망이다.

9. 파티에서의 푸드코디네이션

파티party의 사전적 의미는"어떤 일을 함께 하고 있는 사람들 또는 그들이 갖는 사교 모임"을 뜻한다. 파티는 초대한 사람과 초대받은 사람의 마음에서 우러나는 진정한 커뮤니케이션 도구이다. 이러한 파티를 남녀노소 그리고 각계 각층의 사람들 누구나가 행복하게 즐긴다면 파티야말로 바로 이 시대의 진정한 여가문화 또는 사교문화로 자리매김하고 있는 것이다. 파티에서는 모임의 성격에 따라 적절한 음식과 장소 및 사람과의 교류를 가진다. 사람과 사람이 모여 정보교환과 자기개발을 하고 원만한 인간관계를 유지할 수 있게 해주는 중요한 문화 커뮤니케이션의 수단이다. 파티플래너는 친구들이나 가족끼리의 모임에서부터 이벤트와 국제회의 등의 연회에 이르기까지 크고 작은 파티의 기획부터 진행을 책임지는 총연출가이다. 다시 말해 위에서 언급한 기본 요소와 부가적인 요소들에 입각하여 파티 테마 선정에서부터 세부적인 프로그램를 처음부터 끝까지 연출하는 총책임자라고 할 수 있다.

1) 파티와 플라워

플라워flower와 아티스트artist, 혹은 플로스flos와 전문가를 나타내는 접미사인 ist의 합성어이기도 한 플로리스트는 단순히 꽃을 아름답게 장식하는 것뿐 아니라 경제적 가치를 높이기 위해 꽃의 재배, 유통, 소재 개발 등 다양한 분야에도 관심을 가져야 한다.

최근 들어 특급호텔 및 하우스 웨딩 등 다양한 공간에서 결혼식을 특별한 이벤트로 연출하는 웨딩 연출가들이 생겨나고 있는데, 이들의 역할은 단순히 단상 및 꽃길 장식만이 아니라 하객들을 위한 테이블 연출, 메뉴 디자인, 웨딩케이크 이벤트에 이르기까지 모든 공간 연출을 하는 것이다.

파티플래너가 되기 위해서는 기본적으로 꽃을 다룰 수 있는 것이 좋다.

> **화훼장식기능사 :** 1년에 3회 한국산업인력공단에서 기능사 시험을 실시하고 있다. (q-net.or.kr)
>
> **꽃꽂이 자격증 :** 일정기간 교육을 받고 소속한 꽃꽂이협회에서 시험을 치루고 자격증을 발급받을 수 있다. (초, 중, 고급, 사범 등)

플라워와 파티

플라워와 파티

2) 파티에서의 스타일링 기법

우선 어떤 테마로 어떤 형식으로 즐겁게 파티를 진행할 것인가를 결정한 후, 초대할 사람과 인원수 특히 성별과 연령대를 고려하여 계획을 짠다. 파티플래너는 드라마틱한 조명을 이용하여 극적인 분위기를 조성하고 파티 테마에 맞는 색깔과 재질감 선정에 의한 센터피스, 식기구, 테이블보, 냅킨 등의 사용으로 파티 이미지를 강조한다. 또한 효과음이나 배경음악을 적절히 선정해야 하며 효과적인 공간분할로 전체적인 공간균형을 유지해야 한다.

파티의 기본 요소인 5W2H는 다음과 같다.

- Who(파티 주최자와 초대받은 손님)
- What(파티의 주제)
- When(파티 개최 시간)
- Where(파티 장소)
- Why(파티를 여는 목적)
- How(파티의 스타일)
- How much(파티의 예산)

이러한 기본 요소와 더불어 음료, 꽃, 향기, 시각적인 포인트, 흥미를 유발하는 매체, 기념품 등의 부가적인 요소도 갖춰야 한다.

아래 그림은 '부모님 생신 파티' 의 경우에 각 요소에 대한 파티 스타일링법이다.

1. Title : 아버님 생신날
2. When : 초여름 6월 이른 저녁
3. Where : 집
4. Who : 사랑하는 우리가족들
5. What : 한식과 일식의 퓨전요리
6. Why : 아버지의 묵묵하고도 헌신적인 사랑에 대한 존경심과 감사의 마음을 표현하 기 위하여
7. How : 깨끗한 모던 느낌의 유리탁자와 가죽의자 그리고 검은 톤으로 남성다운 이미지를 연출하되 노란색의 글라스웨어로 단조롭고 무거운 이미지 탈피
8. How much : 20~30만원

파티의 실제 그림 및 해설

3) 파티의 종류

- 티파티Tea party : 오후 3시에서 5시 사이에 조각 케이크와 홍차를 즐기는 간단한 모임
- 리셉션Reception : 공공단체, 고위층 인사, 국빈이나 귀빈을 환영하는 초대모임
- 조찬파티Breakfast party : 바쁜 일과를 갖는 공인들의 조찬모임
- 디저트파티Dessert party : 저녁 식후에 음악이나 시 감상과 함께 디저트를 즐기기 위한 모임
- 아기 탄생파티Baby shower party : 차와 다과를 들면서 아기의 탄생을 축하함
- 결혼축하파티Bridal shower party : 결혼을 앞둔 예비 신랑 · 신부를 위하여 신부의 부모가 간단한 점심메뉴와 차를 준비함
- 결혼파티Wedding ceremony : 결혼식에서 피로연까지 준비
- 생일파티Birthday party : 성인보다는 주로 어린아이들에게 사회성을 키우기 위한 이벤트

- 칵테일파티Cocktail party : 비즈니스와 사교를 위한 파티
- 가든파티Garden party : 수확을 축하하는 데서 비롯된 야외파티
- 뷔페파티Buffet party : 사람 수가 많거나 가벼운 파티를 열 때 사용하며 식사는 주로 셀프임
- 정찬파티Formal party : 가장 격식 있는 연회로 정장과 메뉴카드가 제공되며 상하석이 구분됨

그 외에도 각종 기념일 예를 들면 결혼기념일, 성 발렌타인데이, 성 패트릭데이, 부활절, 어버이날, 할로윈, 추수감사절, 크리스마스 때에도 파티를 연다.

포틀럭 파티(potluck porty)

미국인들이 고안해 낸 파티로 참가자들이 각자 하나의 음식을 준비하여 한자리에 모여 다같이 즐기는 파티이다. 모임의 주최자는 장소를 제공하며 그릇과 수저 등을 준비하여 실용적인 파티를 즐길 수 있다.
파티 초대장에 'Bring Your own'의 약자인 'B.Y.O'라고 쓰여 있으면 특별하게 알려주지 않더라고 자신이 먹을 음식 또는 음료수를 지참해야 한다. 포틀럭 파티에서 주최자는 애피타이저, 메인요리, 디저트를 누가 준비할 것인지 미리 정해 메뉴가 겹치지 않도록 신경 써야 한다.

핑거푸드(finger food)

파티의 테마, 목적, 장소, 고객의 요구에 따라 메뉴가 결정되며 칵테일 파티와 스탠딩 파티에서 간단히 식사도 되면서 안주가 될 수 있는 작은 형태의 파티음식을 핑거푸드라고 하며 나이프나 포크, 젓가락과 같은 도구를 사용하지 않고 손으로만 먹는 음식을 말한다. 맨손으로 먹는 것이 일반적인 핑거푸드로는 소시지롤, 막대에 꽂은 음식, 춘권, 웨지 감자, 피자, 핫도그, 과일, 빵을 들 수 있다.

티파티 : Table settings, 2002

생일파티 : Table inspirations, 2001

칵테일 자료 : Table inspirations, 2001

가든파티

10. 푸드라이팅에서의 푸드코디네이션

인터넷과 다중 매체의 발달로 읽히는 글의 전파속도는 가늠할 수 없을 정도로 빨라졌으며 일반 사람들에게도 특정 전문지식의 보급이 과거와 비교가 되지 않게 많아졌다. 이러한 시대의 흐름에 맞춰 식품이나 요리에 대해서도 비전문인의 글보다는 전문인의 글이 필요하게 되었다.

푸드라이터food-writer는 식품이나 요리된 음식 분야에서 다양하게 행해져온 글쓰기를 전문화한 직업영역으로, 요리에 관한 기사를 집필하고 요리 레시피를 소개하거나 외국의 조리 트렌드와 다양한 식문화를 글로 정리하는 일을 하는 사람이다. 좋은 글을 쓰려면 다른 사람의 글을 많이 읽고 스스로 많이 써 봐야 하며 다양한 경험도 중요하다. 또한 글에 자신의 생각과 가치관을 부여하고 독자와 공감대를 형성하며 책임 있는 기록이 되도록 해야 한다.

푸드라이터는 프리랜서에서부터 전문직까지 그리고 전문 영역부터 비전문 영역까지 그 차지하는 범위가 상당히 크다.

- 방송 · 잡지 · 신문의 식품 및 음식 전문기자
- 방송국 요리 프로그램의 작가
- 요리책이나 식품 관련 서적의 번역가나 출판기획자

- 요리 선생님이나 호텔과 외식업체의 전문조리사
- 요리책이나 맛집책을 출판하고자 하는 사람
- 맛 비평가나 음식 평론가
- 외식업 경영주나 프랜차이즈 사업자
- 가공식품이나 반조리 식품 및 패스트푸드의 개발자
- 푸드스타일리스트와 파티플래너 등
- 음식 관련 팜플렛이나 메뉴판 등을 제작하는 사람

SBS출발 모닝와이드	〈촬영콘티〉	ITEM	봄철 황사, 숙주나물로 이긴다!
		촬영일	2011년 3월 24일(목) ~ 26일(토)
		방송일	2011년 3월 29일(화)
		STAFF	연 출 : 임언규 구 성 : 장민경

♣ 27일(일) 촬영 : 푸드스타일리스트 이승진 교수님

〉〉 촬영장소 : 서울시 영등포구 영등포동2가 139번지 로이빌딩 〈한국조리사관전문학교〉

〉〉 촬영시간 : 오전 9시까지 도착!

〉〉 전 문 가 : 이승진 교수님 (숙주요리 5품)

VIDEO	AUDIO

＊ 숙주나물 다양하게 활용한 특별한 식탁 제안!

리포터, 빈대떡과 숙주나물 들고 교실로 가는

- 이승진 교수님 만나고**(이승진 교수 자막)**

- 빈대떡, 숙주나물 내밀며

〉 리포터 / 선생님! 숙주나물 좋은 건 다 아는데... 이거 말고 다른 거 해주세요!!

＊ 이색 숙주나물 요리 ① – 한입돈까스

준비물 FS.

- 조리하는 모습 SK.

- 반드시 숙주 듬뿍(!) 넣고

선생님 인터뷰

〉 Q. 숙주를 데칠 때 주의할 점은?

〉 Q. 한입돈까스에서 숙주의 역할은?

〉Q. 한입돈까스의 영양소는 어떻게 되는지?

〉Q. 아이들한테 좋은 점은?

〉Q. 숙주나물이 자라나는 어린이, 공부하는 수험생에게 좋은 점은?

＊ 이색 숙주나물 요리 ② – 치킨 파인애플 숙주볶음

준비물 FS.

– 조리하는 과정 SK

– 반드시 숙주 듬뿍(!) 넣고

선생님 인터뷰

〉Q. 숙주를 볶을 때 주의할 점은?

〉Q. 치킨 파인애플 숙주볶음에서 숙주는 어떤 역할을?

〉Q. 치킨 파인애플 숙주볶음의 영양가는?

〉Q. 치킨과 파인애플, 숙주의 조화는 어떤지?

〉Q. 아이들한테 좋은 점은?

이후 생략

촬영콘티의 일부분

입 안 가득 얼얼한 매운맛 할라페뇨

라틴아메리카 특유의 매운맛을 전하는 할라페뇨. 살사, 구아카몰 그리고 칠리빈스 등을 넣어먹는 타코스 등의 멕시코 요리에 절대 빼놓을 수 없는 것이 바로 할라페뇨다. 타바스코, 케이엔 페퍼와 함께 세계적으로 사랑받는 매운 양념 한 가지.

음식평론가의 글

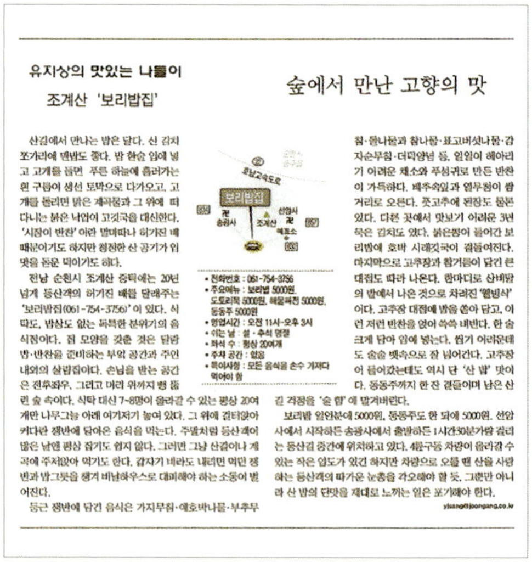

유지상의 맛있는 나들이

조계산 '보리밥집'

숲에서 만난 고향의 맛

산길에서 만나는 밥은 달다. 신 김치 쪼가리에 맨밥도 좋다. 밥 한술 입에 넣고 고개를 들면 푸른 하늘에 흘러가는 흰 구름이 생선 토막으로 다가오고, 고개를 돌리면 맑은 계곡물과 그 위에 떠다니는 붉은 낙엽이 고깃국을 대신한다. '시장이 반찬'이란 말마따나 허기진 배 때문이기도 하지만 청정한 산 공기가 입맛을 돋운 덕이기도 하다.

전남 순천시 조계산 중턱에는 20년 넘게 등산객의 허기진 배를 달래주는 '보리밥집(061-754-3756)'이 있다. 식탁도, 밥상도 없는 독특한 분위기의 음식점이다. 집 모양을 갖춘 것은 달랑 밥·반찬을 준비하는 부엌 공간과 주인 내외의 살림집이다. 손님을 받는 공간은 전후좌우, 그리고 머리 위까지 빽 둘린 숲 속이다. 식탁 대신 7~8명이 올라갈 수 있는 평상 20여 개만 나무그늘 아래 여기저기 놓여 있다. 그 위에 걸터앉아 커다란 쟁반에 담아온 음식을 먹는다. 주말처럼 등산객이 많은 날엔 평상 잡기도 쉽지 않다. 그러면 그냥 산길이나 계곡에 주저앉아 먹기도 한다. 갑자기 비라도 내리면 먹던 쟁반과 밥그릇을 챙겨 비닐하우스로 대피해야 하는 소동이 벌어진다.

둥근 쟁반에 담긴 음식은 가지무침·애호박나물·부추무침·들나물과 참나물·표고버섯나물·감자순무침·더덕양념 등. 일일이 헤아리기 어려운 채소와 푸성귀로 만든 반찬이 가득하다. 배추속잎과 열무청이 쌈거리로 오른다. 풋고추에 된장도 물론 있다. 다른 곳에서 맛보기 어려운 3년 묵은 김치도 있다. 붉은팥이 들어간 보리밥에 호박 시래깃국이 곁들여진다. 마지막으로 고추장과 참기름이 담긴 큰 대접도 따라 나온다. 한마디로 산비탈의 밭에서 나온 것으로 차려진 '웰빙식'이다. 고추장 대접에 밥을 쏟아 담고, 이런 저런 반찬을 얹어 쓱쓱 비빈다. 한 술 크게 담아 입에 넣는다. 씹기 어려운데도 술술 뱃속으로 잘 넘어간다. 고추장이 들어갔는데도 역시 단 '산 밥' 맛이다. 동동주까지 한 잔 곁들이며 남은 산길 걱정을 '술 힘'에 맡겨버린다.

보리밥 일인분에 5000원, 동동주도 한 되에 5000원. 선암사에서 시작하든 송광사에서 출발하든 1시간30분가량 걸리는 등산길 중간에 위치하고 있다. 4륜구동 차량이 올라갈 수 있는 작은 임도가 있긴 하지만 차량으로 오를 땐 산을 사랑하는 등산객의 따가운 눈총을 각오해야 할 듯. 그뿐만 아니라 산 밥의 단맛을 제대로 느끼는 일은 포기해야 한다.

yisang@joongang.co.kr

- 전화번호 : 061-754-3756
- 주요메뉴 : 보리밥 5000원, 도토리묵 5000원, 해물파전 5000원, 동동주 5000원
- 영업시간 : 오전 11시-오후 3시
- 쉬는 날 : 설·추석 명절
- 좌석 수 : 평상 20여개
- 주차 공간 : 없음
- 특이사항 : 모든 음식을 손수 가져다 먹어야 함

신문기자의 글(중앙일보 유지상 기자의 글)

11. 음료에서의 푸드코디네이션

티tea를 다루는 전문가인 티 인스트럭터instructor와 커피를 전문적으로 다루는 바리스타barista, 와인 소믈리에sommelier의 영역 또한 푸드코디네이터의 필수 코스로 인식되고 있다. 티와 커피, 와인에 대한 전문지식도 食을 코디네이트해야 하는 현장에서 빠져서는 안 되는 식음료의 한 분야이다.

1) 티 인스트럭터

티 인스트럭터라 함은 원래는 홍차 전문가, 즉 홍차의 종류, 홍차 우리는 법, 홍차와 관련된 다과류, 홍차를 주제로 하는 티파티 연출 등에 대한 전문적인 지식을 갖춘 사람을 의미하였으나 최근에는 중국차, 일본차 등으로까지 그 범위가 확대되고 있다.

(1) 차의 역사

차나무는 주로 중국 남부 윈난성과 티벳, 미얀마, 그리고 인도의 아셈 지방에서 자생하는 동백나무과의 상록수로 중국Sinensis의 동백나무Camellis란 뜻의 학명 *Camellia sinensis*를 가지고 있다. 당나라의 육우(陸羽)가 쓴 「다경(茶經)」은 차의 백과사전이라 불리며, 차에 대한 중국의 최초 기록이기도 하다.

한국에는 7세기경 신라 흥덕왕 3년(828년)에 김대렴(金大廉)이 당나라로부터 차 종자를 가져와 심은 이후부터 사찰을 중심으로 점차 확대된 것으로 전해진다. 차는 실크로드를 따라 동양에서 서방으로 전래된 것으로 중국의 비단이나 도자기와 함께 값비싼 귀중품으로 여겨졌다.

차는 17세기 바다를 주름잡던 포르투갈과 네덜란드 상인에 의해 중국에서 수입되어 유럽에 최초로 전해졌으며 17세기 중엽에 네덜란드의 찰스 2세와 포르투갈의 캐더린 왕비가 영국 궁정에 처음으로 차를 소개하였다. 1721년에는 영국이 네덜란드를 누르고 영국의 동인도회사가 차 수입의 주도권을 잡게 되었으며 이 시기에는 아직 홍차가 없었으며 녹차에 설탕이나 우유를 타서 마셨다. 녹차와 반발효차인 오룡차(우롱차)를 즐겼던 영국은 19세기 중엽에 거의 홍차로 바뀌 차문화를 형성하게 된다.

(2) 차의 분류

차는 차나무의 잎으로 만든 음료로 원재료인 찻잎은 동일하지만 발효 정도나 제조방법에 따라 각 나라마다 서로 다른 종류의 차 이름을 가지게 되었다. 잎이 작은 중국종인 소엽종은 녹차용으로, 대엽종인 아삼종은 홍차용으로 사용된다. 또한 발효 정도에 따라 불발효차, 반발효차, 발효차, 후발효차 등으로 구분한다.

분류	종류
불발효차	전혀 발효시키지 않은 것 녹차(우전, 세작, 중작, 대작)
반발효차	10–60% 발효시킨 것 우롱차, 포종차, 백차, 화차
발효차	85% 이상 발효시킨 것 홍차(다즐링, 기문, 아삼, 우바 등)
후발효차	전처리 후 100% 발효시킨 것 황차(군산은침, 북항모침, 몽정황아 등), 흑차(보이차, 노청차, 흑모차, 육보차 등)

(3) 홍차

1600년대 엘리자베스 1세 때 중국에서 동인도 회사를 통해 홍차를 들여온 영국에서 홍차가 보편화된 것은 1800년대 빅토리아 여왕 때부터이다. Afternoon tea, High tea가 중산층에서 점심과 저녁 사이, 늦은 오후에 애용되면서 점차 대중화되기 시작했으며 오늘날까지 남아서 영국의 홍차문화를 이끌고 있는 '애프터눈 티타임Afternoon tea time' 이 되었다.

홍차잎의 분류

- Flowery Orange Pekoe (F.O.P.)
- Orange Pekoe (O.P.)
- Pekoe (P.)
- Souchong
- Broken Orange Pekoe (B.O.P.)
- Broken Orange Pekoe Fannings (B.O.P.F.)
- Broken Pekoe (B.P.)
- Fannings
- Dust

▶ FOP가 가장 고급차로 줄기 끝에서 난 어린잎일수록 맛과 향이 뛰어난 고급차이며 뒤로 갈수록 등급이 낮아진다.

2) 커피 바리스타

생활의 풍요와 식생활 문화의 향상으로 커피에 대한 관심이 젊은 층에서부터 노년 층까지 높아지고 다양화되면서 커피 전문가인 바리스타coffee barista의 필요성도 꾸준히 증가하고 있다. 바리스타는 커피원두의 생산과 종류 및 맛에 대한 해박한 지식과 경험을 갖추고 있어야 하고, 커피머신을 능숙하게 활용하여 에스프레소를 완벽하게 추출할 줄 알아야 하며, 커피에 대한 조언을 할 수 있어야 한다.

(1) 커피

기원전 6~7세기경 에티오피아의 아비시니아 고원의 염소 치는 소년 칼디에 의해 처음 발견되었다는 전설을 가진 커피는, 커피나무의 열매종자로 식물학상의 분류는 꼭두서니과에 속하는 상록관목이다. 열매는 초록색에서 붉은색으로 익어 가고, 이를 커피체리 또는 커피베리라고 하며, 3대 원종은 다음과 같다.

① 아라비카 종Coffea Arabica : Arabian Coffee

에티오피아가 원산지이며 , 해발 500~1,000m 정도의 고지대, 15~25℃의 기온에서 잘 자란다. 병충해에 약하고 성장속도는 느리지만 향미가 풍부하고 카페인 함유량이 적어 전세계 산출량의 약 70%를 차지한다. 생산국은 브라질, 콜롬비아, 멕시코, 과테말라, 에티오피아, 하와이, 인도 등이다.

② 로부스타 종Coffea Robusta : Wild Congo Coffee

콩고가 원산지이며, 평지와 해발 600m 사이의 저지대에서 재배된다. 병충해에 강하고 성장이 빠르며 자극적이고 거친 향을 낸다. 인스턴트커피에 널리 이용되며, 전 세계 산출량의 30%를 차지한다. 인도네시아, 우간다, 콩고, 가나, 필리핀 등이 생산국이다.

③ 리베리아 종Coffea Liberia : Liberian Coffee

리베리아가 원산지이며, 뿌리가 깊어 저온이나 병충해에도 강하고 100~200m 저지대에서도 환경 적응력이 우수하다. 하지만 향기와 맛이 별로 좋지 않아 거의 재배하지 않는다.

이러한 커피 열매의 과육을 제거하여 가공한 것을 생두green bean라 하며, 이를 로스팅roasting한 것을 원두coffee라 한다. 다양한 타입으로 로스팅된 원두를 그라인더로 분쇄하여 각종 도구를 이용하여 추출한 후 마시게 된다. 각종 도구로는 필터가 포함된 드리퍼dripper, 사이폰, 프렌치 프레스, 모카포트, 이브릭, 퍼콜레이터 등이 있다.

(2) 커피 벨트

대부분의 커피나무가 자라고 있는 적도를 기준으로 남북위 25도 사이, 연강수량 1,500mm 이상의 열대 및 아열대 지역을 커피벨트coffee belt 또는 커피존coffee zone이라고 하며, 특히 해발 1,000~3,000m의 고산지대에서 좋은 품종이 생산된다. 아프리카의 케냐 · 탄자니아 · 에티오피아 · 예멘 · 르완다 등, 라틴아메리카의 브라질 · 콜롬비아 · 코스타리카 · 엘살바도르 · 과테말라 · 온두라스 · 멕시코 · 페루 · 자메이카 · 푸에르토리코 등, 아시아의 인도네시아 · 베트남 · 인도 · 필리핀 · 스리랑카 · 태국 · 파푸아뉴기니 등과 미국의 하와이가 주요 커피 생산국이다.

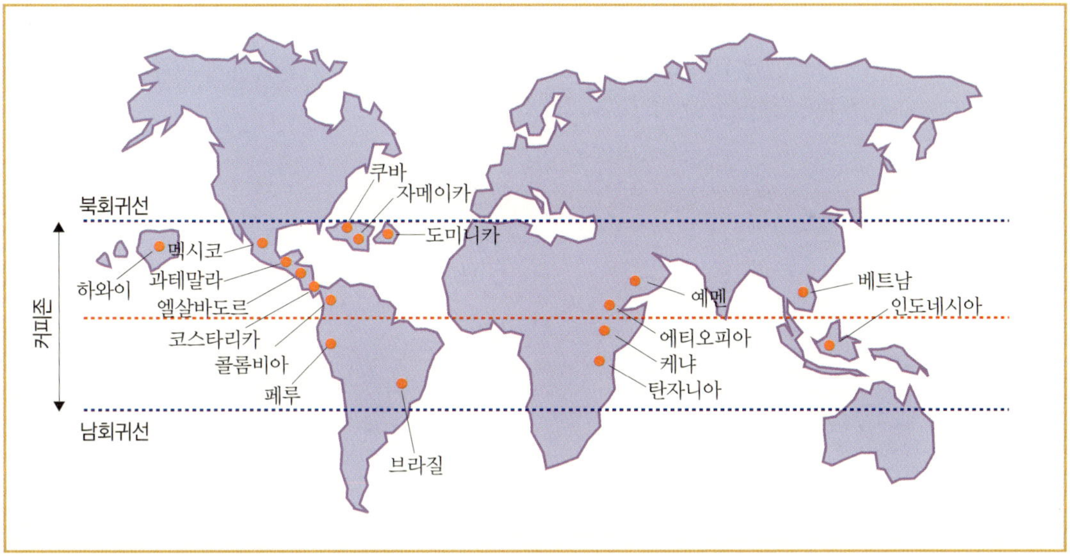

그림 4-13 | 커피 벨트

(3) 커피 제품 분류

원두커피는 여러 가지 형태로 제품화하여 음용하는데 혼합blend커피, 향커피flavored, 디카페인decaffeinated 커피 및 레귤러regular 커피 등으로 구분할 수 있다.

① 혼합커피blend coffee

블렌딩blending이란 서로 다른 2종 이상의 커피를 혼합하는 것을 말하며, 값싼 저급 커피에 약간의 고급 커피를 혼합하여 좋은 맛을 내는 커피를 만들거나, 한 종류의 커피에 다른 종류의 커피를 혼합하여 전혀 새로운 맛을 만들어 낼 목적으로 한다.

② 향커피flavored coffee

인공향을 커피원두 자체에 부착시키거나 계피, 오렌지와 같은 천연재료 또는 향 시럽을 첨가하는 방법으로 헤이즐넛, 아이리시크림, 초콜릿, 캐러멜, 바닐라향 커피 등을 만든다. 부가된 향이 압도적이기 때문에 보통 저급의 커피를 사용한다.

③ 디카페인 커피decaffeinated coffee

물추출법, 유기용매 추출법, 초임계추출법 등을 사용하여 97% 정도의 카페인을 제거한 커피이다.

④ 레귤러 커피regular coffee

Straight coffee, Origin coffee라고도 하며 혼합커피나 향커피에 대비되는 개념으로 원두커피를 본래 그대로 음용하는 것이다.

나라별 커피 이름

- 터 키 – ahweh
- 프랑스 – Cafe
- 이태리 – Caffe
- 독 일 – Kaffee
- 네덜란드 – Koffie
- 영 국 – Coffee
- 일 본 – コ-ヒ- (고히)
- 러시아 – Kophe
- 체코슬로바키아 – Kava
- 베트남 – Ca phe

■ Espresso

에스프레소는 이탈리아에서 발전한 커피로 어원에서 알 수 있듯이 빠르게 추출한 커피를 말한다. 에스프레소 1잔은 미세하게 분쇄된 7g의 원두를 에스프레소 머신에 장착한 후 90~96℃, 7~9기압, 30cc 물이 커피층을 25~30초 동안 통과시켜 추출된 커피이다. 잘 추출된 에스프레소는 호랑이 꼬리 무늬의 크레마(crema)를 나타내며 커피맛 또한 훌륭하다.

■ 시빗 커피(civet coffee) = 루왁(Luwak)→인도네시아

사향고양이 배설물로 만든 최고급 커피로 잘 익은 커피체리를 먹은 사향고양이의 배설물에서 골라낸 커피종자를 가공한 커피콩으로 맛이 좋다고 알려져 있으며, 소량생산으로 인해 미국에서 1파운드당 무려 300달러에 판매되고 있다.

■ 콘삭커피(consoc coffee)

다람쥐 똥 커피라고 하며 베트남어로 콘삭은 다람쥐를 의미한다. 다람쥐가 먹고 배설한 커피열매를 세척 및 건조과정을 거쳐 발효 가공한 커피이다.

3) 와인 소믈리에

각 나라의 식탁에 등장하는 비알코올성 음료들과, 특히 서양식을 대표하는 이탈리아와 프랑스 식사에서의 와인을 빼고서는 서양의 음식문화를 논할 수 없다.

경제 발달과 생활의 여유가 증가하면서 늘어가는 각종 파티와 외식문화를 코디네이트하기 위해서는 커피, 티 이외에도 와인과 같은 알코올성 음료와 주스류에 해

당하는 비알코올성 음료에 대한 전문지식을 갖추는 것도 훌륭한 푸드코디네이터에게는 필수적이다.

특히 오랜 역사와 헤아릴 수 없는 수천의 종류를 자랑하는 와인은 우리나라에서도 그 소비층이 두터워지고 있다. 와인 전문가를 '소믈리에sommelier(영), sommellerie(프)' 라고 부르는데, 와인 소믈리에는 고객이 원하는 와인과 식사에 어울리는 와인을 골라주기 위하여 와인의 종류와 맛을 숙지하고 있어야 한다. 이를 위하여 포도품종, 와인 산지, 빈티지vintage 등 포도와 와인에 대한 것을 공부하고 와인의 주문, 구매, 저장, 판매, 재고관리까지 맡아야 한다. 최근에는 와인의 유통 및 마케팅의 영역까지 책임지고 있다.

소믈리에(sommelier)

소믈리에는 광의적 의미에서는 레스토랑 등에서 식료품 담당자(솜 : somme)로 각종 식료품에 관한 서비스를 전문적으로 제공하는 사람을 말한다. 최근에는 소믈리에 종류가 막걸리, 밥, 물, 티, 채소 소믈리에 등 다양화되고 있다. 협의적 의미로는 주로 와인 전문가로서 와인 주문, 생산연도(Vintage), 와인 추천, 요리와 적합한 와인 추천(Cook Harmony with Wine), 와인 창고(Wine Celler) 관리, 와인 진열(Wine Display)과 고객으로부터 주문을 받고 직접 테이블에 서빙을 하며 와인 시음과 테이스팅을 하는 사람이다.

(1) 와인의 정의

와인은 포도나 포도즙을 발효시킨 과실주로 대략 물, 알코올, 산, 당분, 폴리페놀, 아로마 등으로 구성되어 있으며, 영어로는 Wine(와인), 프랑스어로는 Vin(뱅), 이탈리아어로는 Vino(비노), 독일어로 Wein(바인)이라고 한다.

(2) 와인의 분류

① 색에 의한 분류

- White wine : 주로 청포도를 압착한 주스Juice를 발효해서 만들고, 적포도로 만들기도한다.
- Red wine : 적포도를 파쇄해서 과피, 씨와 함께 발효해서 만들며, 과피에 함유되어 있는 색소와 탄닌이 추출된다.
- Rose wine : 로제Rosé 와인이라고도 하며 적포도를 으깨어 백포도주 양조법

으로 만들거나, 적포도와 청포도를 적당한 비율로 섞어 만들기도 하며, Red wine과 White wine을 섞어서 만들기도 한다.

(참고 : Yellow wine (Vin Jaune) : Jura지역에서 독특한 방법으로 만든 와인)

② 당분 함유량에 의한 분류

- Sweet wine : 발효되지 않고 남아 있는 포도의 잔류 당분에 의하여 단맛이 느껴지는 와인이다.
- Dry wine : 잔류 당이 0.2% 이내인 달지 않은 와인으로 대부분이 이에 속한다.

③ 용도에 의한 분류

- Apéritif wine(식전주) : 메인요리가 나오기 전에 식욕을 증진시키기 위하여 마시는 술로 Dry sherry, Dry wine, Dry sparkling wine 등이 적당하다.
- Table wine(식중주) : 식사 중 메인요리와 함께 마시는 와인으로 요리와의 조화를 생각하여 선택한다.
- Dessert wine(식후주) : 식후 디저트와 함께 마시는 달콤한 와인으로 보르도의 쏘테른 와인, 아이스 와인, 독일의 베른 아우슬레제, 헝가리의 토카이 등이 있다.

④ 알코올 첨가에 의한 분류

- Fortified wine(주정강화 와인) : 발효 후나 발효 중에 브랜디brandy 등을 첨가하여 알코올 도수를 높인 와인으로, 스페인의 Sherry, 포루투칼의 Port wine, Madeira 등이 있다.
- Unfortified wine(비주정강화 와인) : 별도의 브랜디를 첨가하지 않은 일반적인 와인을 말한다.

⑤ 숙성기간에 의한 분류

- Young wine : 숙성기간이 1~2년 안팎으로 얼마 되지 않은 와인을 말한다.
- Aged 또는 old wine : 숙성기간이 5~15년 정도로 오래된 와인을 말한다.
- Great wine : 숙성기간이 15년 이상된 와인이다.

⑥ 탄산에 의한 분류

- Still wine : 탄산가스가 없는 비발포성 와인으로, 와인에 신선한 맛과 상쾌한 맛을 주기 위해 소량의 탄산가스가 함유된 와인도 포함된다.
- Sparkling wine : 탄산가스를 다량 함유하고 있는 발포성 와인으로 프랑스의 샴페인champagne, 이탈리아의 스푸만테spumante 등이 있다.

⑦ 향의 첨가에 의한 분류

- 가향 와인 : 와인의 발효 전후에 천연향이나 과일즙을 넣어 만든 와인으로, 이탈리아의 Vermouth, 스페인의 샹그리아Sangria 등이 있다.
- 일반 와인 : 향을 첨가하지 않은 보통 와인을 말한다.

⑧ 산지에 의한 분류

- 구세계 와인 : 프랑스, 이탈리아, 독인, 스페인, 포르투칼 등
- 신세계 와인 : 미국, 칠레, 아르헨티나, 남아공, 뉴질랜드 등

(3) 와인의 맛을 결정하는 4가지 요소

① **포도 품종** : 레드와인의 주요 포도품종으로는 까베르네 소비뇽cabernet sauvignon, 메를로merlot, 피노 느와pinot noir, 진판델zinfandel 등이 있으며, 화이트와인의 주요 포도품종으로는 샤르도네chardonnay, 리슬링riesling, 소비뇽 블랑sauvignon blanc, 무스카데muscadet 등이 있다.

② **와인 양조기술** : 레드와인은 적포도로 만들며 붉은색이 중요하므로 포도껍질에 있는 붉은 색소를 많이 추출해서 만들고, 화이트와인은 잘 익은 청포도나 레드품종에서 껍질을 제거한 후 만든다. 스파클링 와인은 일반적으로 완성된 와인을 섞지만, 빈티지를 가지는 고가의 샴페인도 포함된다. 병돌리기는 경사진 나무판에 구멍을 뚫어 병을 거구로 세워 놓은 후 주기적으로 회전시킴으로써 효모 등의 찌꺼기가 병 입구로 모이게 하는 작업이다. 이후 병 입구만 순간적으로 얼려 찌꺼기를 제거하고 그 양만큼 다른 샴페인이나 설탕을 보충한 후 밀봉한다.

③ 테루아terroir : 토양, 기후, 강, 숲, 고도, 경사도 등의 조건

④ 빈티지vintage : 와인 생산연도

와인 레이블

와인을 만드는 생산자는 정해진 규정에 의해 와인의 레이블label을 부착하여 와인명, 지역명, 생산자 등 중요 정보를 표시하여 와인에 대한 정보를 알려준다. 즉 와인의 레이블은 와인의 이력서인 것이다. 레이블에서 가장 중요한 것은 빈티지vintage, 그다음은 생산지역에 관한 내용과 원산지 명칭과 품질등급이다.

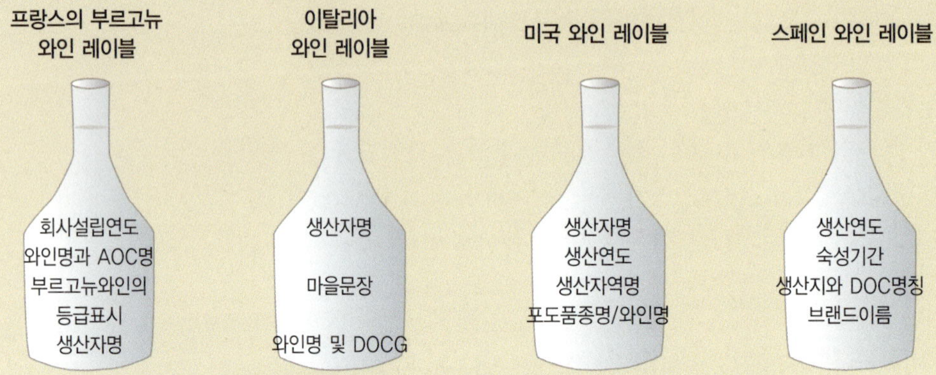

(4) 와인의 등급

프랑스의 AOC제도	이태리의 DOC제도
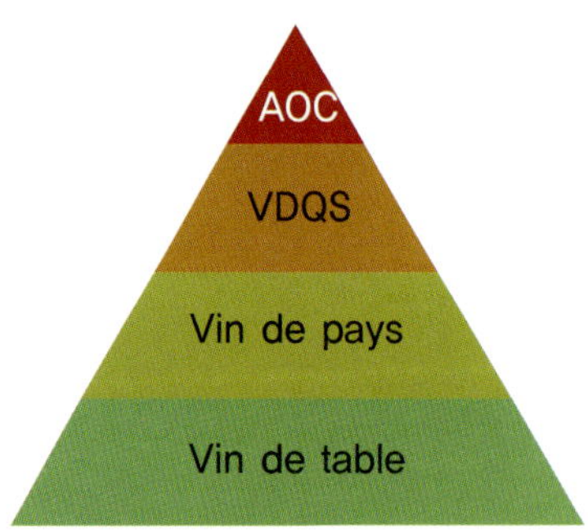	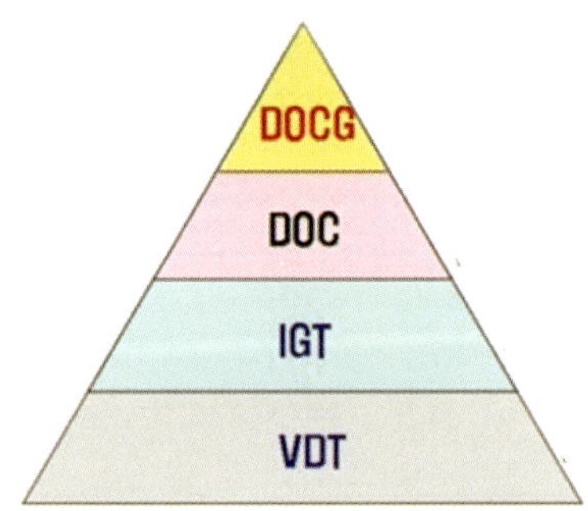
AOC는 최상위 등급으로 'Appellation d' Origine Controlee'의 약자로 원산지에 따라 와인을 통제하는 방법이다. 등급 순서는 VDQS(Vin Deimite de Qualite Supeieure), VDP(Vin de Pays), VDT(Vin de Table)이다.	• DOCG(Denominazione di Origine Controllata e Garantita) : 최상위 등급 • DOC(Denominazione di Origine Controllata) • IGT(Indicazione Geografica Tipica) • VDT(Vino da Tavola)

디캔팅(Decanting)

디캔팅의 목적은 와인병 안에 생기는 침전물을 분리하고, 와인과 공기의 접촉을 유도하여 맛과 향을 최대한 유도하는 데 있다. 그러나 갑작스런 산화에 의해 맛과 향이 파괴될 수도 있으므로 주의해야 한다.

12. 푸드패키지에서의 푸드코디네이션

푸드패키지food package란 HMRhome meal replacement 이 발달할수록 음식 포장에 대한 요구가 커지고, 단순히 위생에 중점을 두던 것이, 점차 그 음식의 콘셉트를 보여줄 수 있는 디자인을 담아서, 또한 음식의 온도처럼 음식이 맛을 결정하는 중요 요인들을 제대로 고객에게 전달하기 위해서, 새로운 소재를 개발하고 디자인하는 작업을 말한다.

일반 포장과는 달리, 이제 사람들에게 분명히 인식된 환경호르몬을 비롯한 인체에 유해한 성분이 음식의 열기나 음식 속에 포함되어 있는 산acid, 기름 등에 묻어 나오지 않도록, 개발하고 디자인하는 것이 매우 중요하다. 물론 음식이 위생적으로 오염되지 않고, 오랜 기간 신선한 상태를 유지하도록 하는 기술을 활용할 수 있도록 전문지식을 가지고 패키지pakage를 디자인하는 것이 좋겠다.

누들박스

더데일리키친

더컵

밥이 답이다

비비고

지지고

바비박스

올리브마켓

13. 아동요리와 푸드코디네이션

아동요리kids cooking는 아동에게 요리를 가르치는 것을 말하며, 아동요리 전문가는 아동에 대한 기초 지식을 바탕으로 아동의 발달단계에 따른 적절한 요리주제를 선정하여 지도하는 것이 중요하다. 요리는 아동의 발달단계에 필요한 지적 능력, 창의력, 정서발달, 기초학습능력, 탐구능력, 자기주도 학습능력, 논리력 등을 키워주는 역할을 한다. 창의적이고 효율적인 아동요리교육을 통해 아이들에게 올바른 식습관과 생활습관을 확립하도록 해주고 아이의 오감을 극대화시켜 줄 수 있으며, 체험활동을 통해 편식개선, 자신감 향상, 사회성 등을 키워줄 수 있다. 아동요리 전문가는 '아동교육'과 '요리'라는 두 분야가 합쳐져 만들어졌으며 아동들과의 다양한 요리활동을 통해서 가정과 학교에서는 파악하기 어려운 아동의 좌충우돌한 세계를 객관적이고 체계적으로 탐구해 가는 효과적이고 다양한 요리기법을 습득한 전문가가 되어야 한다. 아동요리는 대부분 부모와 함께 교육을 받으러 오기 때문에 부모와의 원만한 관계유지가 필요하다. 즉 아동요리 전문가는 요리에 대한 전문성을 가지고 부모와 상담하면서 아동이 요리활동의 즐거움과 배움을 통해서 얻는 기대효과에 대해 부모를 이해시켜야만 아동이 지속적으로 아동요리교육에 참여할 수 있다. 따라서 부모와의 상담 의뢰 시에 아동요리 전문가로서 대처할 수 있는 자기개발은 물론 끊임없는 지식을 습득해야 한다. 유치원, 유아원, 미술학원, 방과후교실이나 문화센터, 홈스쿨링을 통해 아동요리 전문가로 활동할 수 있다.

아동요리 전문가 양성기관

정부지원을 받아 각 지역마다 아동요리지도자를 양성하는 프로그램들이 만들어지고 있으며 대학에서도 관심을 가지고 특강을 개설하여 학생들에게 기회를 제공하고 있는 곳들이 많아지고 있다.

숙대 한국음식연구원 http://www.smkf.or.kr

한국 아동요리 지도자협회 http://www.cookingkids.co.kr

14. 교육현장에서의 푸드코디네이션

소득 증대와 여성의 사회 진출이 늘어나면서 외식의 비율이 현저히 증가하고 있다. 이러한 추세에 힘입어 발전하기 시작한 외식업계에는 다양한 교육의 기회가 생겨났다. 푸드코디네이션 분야도 우리나라 대학에서 정규과정이 생겨나기 시작하면서 실무경험을 가지고 있는 교수진을 구축하고 있다. 푸드코디네이터로서 꾸준히 실무경험을 쌓고 자격을 갖춘다면 도전해 볼 수 있다.

- 외식업계에 종사하는 직원들에 대한 교육 : 식재료, 조리기술, 메뉴, 조리기구 및 기계, 서비스 정신 등
- 외식업계를 경영하고 있는 경영주에 대한 교육 : 대학이나 컨설팅업체 등을 통한 교육
- 대학에서의 전공자들을 위한 교육
- 문화센타, 요리강습을 통한 교육

이러한 교육현장에서는 전문강사 또한 앞에서 언급된 바 있는 영역들을 골고루 익히고 경험한 사람을 필요로 한다. 또한 여러 분야에서 활동하고 있는 푸드스타일리스트, 파티플래너, 식공간 연출가로서 활동하는 경우와 다양한 실무 경험을 통해 다른 사람들을 교육하는 두 가지 일을 동시에 하게 되는 경우가 있다. 따라서 대학에서의 강의를 포함한 교육현장에서의 강의를 위하여 여러 분야의 전문적인 지식, 경험과 더불어 교육자 자신이 교육생에게 교육하고자 하는 바를 정확하게 전달하기 위해서는 정확한 언어 구사능력, 설득력 있는 언변, 적절한 제스처 등에 대한 훈련도 필요하다.

참고문헌

강은숙 · 안세희. 푸드스타일링 이론과 실제. 백산출판사, 2010

경기대학교 관광전문대학원 박사학위논문, 2011

堀口俊英 咖啡の教科書. 新星出版社, 2010

김경미 · 김경임 · 김상연 · 안선정. 푸드스타일링. 교문사, 2005

김경미 · 김경임 · 유현석. 색채와 푸드스타일링. 교문사, 2006

김경임 · 김경미 · 정경. 푸드코디네이션 개론, 파워북, 2007

김광오. 서양요리 Appetizer에서 접시칼라와 디자인이 음식감성에 미치는 영향.

김덕환 · 박정윤 · 이승미 · 정소연. 두 잇! 푸드스타일링. 블루피쉬, 2009

김수인. 푸드코디네이트 개론. 한국외식정보(주), 2004

김언정. 푸드코디네이터로 살아가기. 니케, 2009

마이클 슈스터(손진호, 이효정 번역). 와인 테이스팅의 이해. ㈜BaromWorks, 2007

식공간연구회. 테이블 & 푸드코디네이트. 교문사, 2009

식공간연구회. 테이블 코디네이트. 교문사, 2004

新星出版社編輯部. 咖啡事典. 新星出版社, 2009

新星出版社編輯部. 紅茶事典. 新星出版社, 2009

이승재 · 유한나 · 김진숙 · 김인화. 푸드스타일링. 백산출판사, 2008

조선왕조궁중음식. (사)궁중음식연구원, 2004

조은정. 테이블 코디네이션. 국제, 2005

한정혜 · 오경화. 정통 테이블 세팅. 백산출판사, 2005

황지희 · 장혜진 · 이지현 · 오경화 · 류무희 · 김지영 · 김인화. Food Coordinator Guidebook 푸드코디네이터를 위한 A to Z. 파워북, 2009

A. Illy and R. Viani. Espresso coffee–The Science of Quality–. ELSEVIER, 2005

Antonio G. Gardoni. Food By Design. Booth–Clibborn, 2002

Claire Catterall. Food: Design and Culture. Laurence King, 1999

Culinary Institute of America. The Propeddional Chef. Wiley, 2001

Donna hay modern classics book1, 2002

Donna hay modern classics book2, 2003

Donna hay modern off the shelf cooking from the pantry, 2001

ELLA A TABLE(일본출판본), 2003~4

Fiona B. Food. Wine & friends. Ryland peters & small, 2007

H.L. Cracknell, Escoffier. The Complete Guide to the Art of Modern Cookery. Wiley, 1983

J. Patrick Henderson and Dellie Rex. About Wine, Thomson delmar learing, 2007

John F Carafoli. Food photography and styling. Amphoto Books, 2003

Manu magazine(일본출판본), 2003

Marie claire food+drink. Michele cranston. Murdoch Books 2001.

Regina S. Baraban and Joseph F. Durocher. Successful Restaurant Design. Wiley, 2001

Table Coordinate. Yoko Maruyama, 2003

Table inspirations, 2001

Vogue(미국출판본), 2003~4
Wine review. (주)IRE, No.105, 2011
Wine review. (주)IRE, No.109, 2011
http://www.cookingkids.co.kr 한국아동요리지도자협회
http://cafe.naver.com/wooseongapt/51044 신도림 커뮤니티
http://blog.naver.com/mjplusu
http://blog.naver.com/royal_story
http://blog.naver.com/editor_jung
http://blog.naver.com/kitty1580
www.mdacademy.co.kr

찾아보기

저자 소개

김경임
고려대학교 대학원 식품생명공학 전공(이학박사)
한국식품연구원, 식품의약품안전청 근무
현재 혜전대학교 호텔조리외식계열 푸드스타일링 전공 주임교수

정 경
경희대학교 대학원 조리외식경영 박사과정 수료
JFCS(Japan Food Coordination School) 졸업
성신여자대학교 식품영양학과 학사, 석사 졸업
현재 하우웰푸드(www.howel.co.kr) 대표
경희사이버대학교 외식농수산산업학과 겸임교수
장안대학교 호텔조리과 겸임교수
SPC, 풀무원 강사

이승진
경기대학교 대학원 외식조리관리 전공(관광학박사)
현재 아란치아 쿠킹스튜디오 대표
청강문화산업대학교 푸드스쿨 푸드스타일링 전공 겸임교수

이해하기 쉬운
푸드코디네이션 개론

2013년 9월 2일 초판 인쇄
2013년 9월 5일 초판 발행

지은이 | 김경임 · 정경 · 이승진

발행인 | 유제구
발행처 | 파워북
주 소 | 서울특별시 마포구 독막로 291-5 대동빌딩 4층
전 화 | (02) 730-1412
F A X | (02) 730-1410
등 록 | 1997. 1. 1 제 300-1997-13
편 집 | 민하디지탈아트(02-3274-1333)

정 가 | 20,000원
ISBN | 978-89-8160-217-8 (93590)

잘못된 책은 바꿔드립니다.